처음 10초 안에 청중을 사로잡는 기술
프레젠테이션 잘 하는 법

"Presentation wa Hanasu Chikarade Kimaru"
by "Takeshi Fukuda"

Copyright ® 2002 by Takeshi Fukuda
All Rights Reserved.

Korean Translation Copyright ® 2013 by The Balunjisik Publishing

Korean Translation Rights Arranged With Diamond Inc.,
Through B&B Agency, Seoul.

처음 10초 안에 청중을 사로잡는 기술

프레젠테이션 잘 하는 법

후쿠다 타케시 지음

정유선 옮김

BOOKSBOOKS

책머리에

당신의
말하기 기술은
몇 점인가?

직원의 능력은 프레젠테이션에서 결정된다

잭 웰치, 빌 게이츠, 스티브 잡스 등 세계적인 최고경영자(CEO)들에게는 공통점이 하나 있다. 모두 프레젠테이션의 명강사들이라는 점이다.

프레젠테이션의 영역은 실로 광대하다. 업무의 진행 상황 보고부터 기업의 사활이 걸린 신제품 발표에 이르기까지 프레젠테이션의 중요성은 날로 높아지고 있다. 프레젠테이션 면접이 유행하고 서점가에는 연일 프레젠테이션 관련 서적이 쏟아져 나오고 있다.

화술이 프레젠테이션의 전부이다!

대부분의 프레젠테이션 방법론은 발상법, 기획서 작성 방법 등 내용 작성에 대한 노하우와 컴퓨터 프로그램을 이용한 비주얼 기술

등에 중점을 둔다. 그러나 가장 중요한 것은 프레젠터의 화술 능력이다.

자료가 아무리 풍성해도, 비주얼이 아무리 화려해도, 핵심을 잡아 일목요연하게 설명하는 프레젠터가 없으면 아무 소용이 없다. 청중 — 클라이언트 혹은 상사 — 의 마음을 움직이는 것도 시각적인 자료가 아니라 프레젠터의 '말'이다.

학교에서도 가르쳐주지 않는 말하기 기술

대부분의 사람들이 '말하기'를 두려워한다. 편한 상대와는 쉽게 대화하면서도 대중 앞에서 말하는 것은 곤혹스러워 한다.

왜 그럴까?

이유는 단순하다. 청중 앞에서 말하는 법을 제대로 배울 기회가 없었기 때문이다. 그러니 커뮤니케이션의 원리·원칙에 대한 기본적인 이해가 부족할 수밖에 없다. 억양, 발음, 발성, 자세, 호흡 조절, 기승전결의 과학적 원리와 중요성을 모른다.

원고 자료나 파워포인트 없이 발표할 수 있는 사람이 몇이나 될까? 본 도서를 읽어나갈수록 '말하기'를 왜 배워야 하는지 느끼게 될 것이다.

이제 현장에서 승부하라!

이 책은 '하나시카타(말하기 기술)연구소' 강사들의 경험을 바탕으로 프레젠테이션을 완성하는 기술, 즉 '말하기'에 중점을 두고 저술되었다. 원리·이론뿐 아니라 현장에서 응용할 수 있는 내용으로 최대한 채웠다.

프레젠테이션 연수 지도 경험이 풍부한 강사가 저술했으며, 인용 사례 역시 강사들이 직접 체험한 것들이다. 또한 실패하는 프레젠터의 사례를 정리해 나쁜 습관을 교정하도록 했다. 실질적인 힌트가 될 것으로 믿는다.

이 책이 한 사람이라도 더 많은 분들의 눈에 띄어 조금이라도 도움이 된다면 그만큼 기쁜 일이 없을 것이다. 부디 많은 분들이 말하기의 두려움을 극복하고 성공하는 프레젠터가 되기를 기원한다.

후쿠다 타케시 올림

 CONTENTS

책머리에
당신의 말하기 기술은 몇 점인가? • 005

1. 처음 10초 안에 청중의 마음을 사로잡아라

1. 이렇게 시작하면 아무도 듣지 않는다 • 019

1) 속사포처럼 쏟아내는 일방적인 말 • 021
2) 기어들어가는 목소리, 잘 이해할 수 없는 말투 • 022
3) 상투적인 말로 시작하기 • 025
4) 구구절절 구차한 변명 • 026
5) 장황한 서론 • 029
잠깐! '기대감'이 가져오는 위력 • 030

2. 청중 앞에 서면 시작 방법이 보인다 • 033

1) 흐트러진 분위기를 다잡는 방법 • 034
2) 청중의 수와 테이블의 위치 • 035
3) 첫마디에 대한 청중의 반응을 살펴라 • 039
잠깐! 임기응변의 진수 1 – 강도 • 041
잠깐! 담벼락 같은 청중을 상대할 때 • 042

3. 청중의 마음을 사로잡는 세 가지 기술 • 043

1) 분위기를 만들어라 • 045
2) 흥미와 관심을 불러일으켜라 • 049
3) 아우트라인을 제시하라 • 052
잠깐! 먼저 호기심을 건드린 후 본론으로 들어가라 • 054

4. 청중에게 신뢰를 주고 편안하게 만드는 자세 • 056

1) 호감과 신뢰감을 주는 태도 • 060
2) 기립 자세에서의 체크 포인트 • 062
3) 태도는 무언(無言)의 자기표현 • 064
잠깐! 태도는 겸손하게 말은 신중하게 • 066

5. 프레젠테이션이란 무엇인가? • 068

1) 다수를 대상으로 하는 커뮤니케이션 • 069
2) 프레젠테이션은 연설과 다르다 • 069
3) 프레젠테이션은 발표 기술이다 • 071
4) 프레젠테이션의 목적은 설득이다 • 071
5) 프레젠테이션은 시간이 정해져 있다 • 073
잠깐! 높임말을 바르게 써야 청중이 신뢰한다 • 074

CHAPTER 2 프레젠테이션은 어떻게 준비해야 하나

1. 준비 없이는 성공도 없다 • 083

1) 준비에 게을러지는 두 가지 원인 • 085
2) 자신감은 준비에 비례한다 • 087
잠깐! 듣는 사람이 누구인가에 따라 달리 말하라 • 092

2. 상대는 무엇을 원하는가? • 094

1) 커뮤니케이션의 목적 • 095
2) 욕구(Needs)를 파악하기 위한 사전 준비 • 096
잠깐! 임기응변의 진수 2 – 침대 위의 금룡 • 103

3. 청중의 경향을 분석하라 • 105

1) 이야기에는 대상이 있다 • 105
2) 성패는 청중이 결정한다 • 106
3) 청중의 특성 • 107
4) 청중의 네 가지 본질 • 111
잠깐! 상대방에 따라 전략을 바꿔라 • 112
잠깐! 바라보는 시각을 바꿔라 • 114

4. 프레젠테이션은 어떻게 짜일까? • 116

1) 기본적인 구성 방법 – 다섯 가지 포인트 • 117
2) 3부 구성 • 123

CHAPTER 3 프레젠테이션의 흐름

1. 프레젠테이션의 3단계 • 131

2. 프레젠테이션과 대인 관계 • 134

1) 초기 단계에서의 관계 만들기 • 135
2) 대인 관계의 유지와 발전 • 140
3) 신뢰 구축하기 • 146
잠깐! 임기응변의 진수 3 – 해진의 묘수 • 148

3. 정보 수집을 위한 커뮤니케이션 기술 • 150

1) 경영 환경이 달라지면 커뮤니케이션도 바뀐다 • 151
2) '듣기'란 무엇인가 • 153
3) 정보 수집의 기술 • 166

4. 이해·납득시키는 단계 • 161

1) 설명의 질이 낮은 이유 • 162
2) 세 가지 타입의 설명자 • 163
3) 설명의 기초 조건 • 166
4) 설명은 알기 쉽게 • 167
잠깐! 사례를 들어 설득하라 • 169
잠깐! 비유를 들어 설득하라 • 171

5. 설득하여 행동을 촉구하는 단계 • 173

1) 설명을 통해 충분히 이해·납득시킨 뒤 설득할 것 • 175
2) '알겠다'는 말이 곧 행동으로 옮기겠다는 뜻은 아니다 • 175
3) 설득이란 '설명 + 자발적 의사' • 176

4 프레젠테이션을 위한 효과적인 표현술

1. 이해에서 표현으로 • 179

1) 이해할 수 있는 말로 바꿔라 • 181
2) 표현의 종류 • 182
잠깐! 표현에 따라 뜻도 달라진다 • 188

2. 프레젠테이션의 3원칙·190

1) 알기 쉽게·191
2) 간결하게·204
3) 인상 깊게·218
잠깐! 말은 간결하게 핵심을 담아서·232

3. 청중을 매료시키는 기술·236

1) 청중에게 먼저 한 발 다가선다·237
2) 시작할 때 짬을 둔다·237
3) 효과적으로 짬을 두는 법·241
4) 청중의 수에 따라 짬을 두는 법·242
5) 청중이 지루해하기 시작할 때·244
6) 비주얼에 의존하지 말라·246
잠깐! 유머로 곤경에서 벗어나라·250

CHAPTER 5 행동하게 하는 프레젠테이션 비법

1. 어느 때 행동하는가·255

1) 억지로 움직이는 사람은 없다·255
2) 논리와 감정 모두에 호소한다·256
3) NO의 종류와 내처 방법·259
4) YES가 반드시 OK를 의미하지는 않는다·260
잠깐! 자존심을 자극해 분발하게 하라·262

2. 프레젠테이션은 주고받는 것 • 264

1) 주고, 받아라 • 265
2) '지금, 여기'에서 이루어지는 것 • 266
3) 프레젠테이션은 청중이 완성시킨다 • 267

3. 상황에 따라 대처하는 법 • 269

1) 먼저 다가서려고 노력하라 • 269
2) 청중의 기분을 헤아려라 • 271
3) 집착에서 벗어나라 • 272
잠깐! 기회를 틈타 말하라 • 274

4. 설득력의 구조 • 276

1) 설득력의 중층 구조 • 276
2) 설득력은 종합 능력 • 281
3) 프레젠터의 매력 • 282

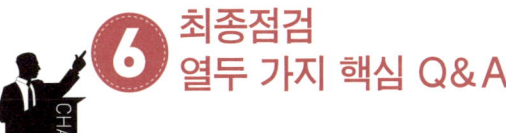

6 최종점검 열두 가지 핵심 Q&A

Q01 지나치게 긴장되고 떨려요 • 287
Q02 목소리에 자신이 없어요 • 291
Q03 어딜 봐야 할지 난감합니다 • 297
Q04 손을 어디다 둬야 할지 난감합니다 • 300
Q05 말이 빨라집니다 • 303
Q06 시간이 남거나 부족할 때 어떻게 해야 할까요? • 305
Q07 질문을 받으면 식은땀부터 납니다 • 307
Q08 연습은 많이 하는데 여전히 두렵습니다 • 309
Q09 질문에 답변할 때 말문이 막힙니다 • 311
Q10 청중의 분위기가 처음부터 냉담합니다. 어떻게 하면 좋을까요? • 315
Q11 유머 감각이 없어서 걱정입니다 • 318
Q12 프레젠테이션 자료는 풍성한데 매번 지적을 받습니다 • 321

마지막으로
프레젠테이션이 끝난 후 자가진단을 해보자! • 323

1

처음 10초 안에
청중의 마음을 사로잡아라

무슨 일이든 첫 단추가 중요하다.
프레젠테이션도 마찬가지.
성공적인 프레젠테이션을 원한다면
시작과 동시에 청중의 마음을 사로잡아야 한다.
그럼 어떻게 시작해야 할까?
그 비법을 공개한다.

01 이렇게 시작하면 아무도 듣지 않는다

어떻게 시작해야 청중의 마음을 사로잡을까?

프레젠테이션의 성공 여부는 막이 오르는 순간 결정된다.

성공의 열쇠는 청중이 쥐고 있다.

당신은 기획자였다. 몇날 며칠 밤새며 기획서를 만들었다.

그리고 당신은 청중 앞에서 프레젠터로 거듭나야 한다.

청중의 시선을 끌고 귀 기울이게 만들어야 한다.

내용이 아무리 훌륭해도 청중이 듣지 않으면 원맨쇼일 뿐이다. 청중 없이는 프레젠테이션도 없다!

처음 10초 안에 청중의 마음을 사로잡아라!

첫 인상, 첫마디에서 실패하면 이를 만회하기 위해 수십 배, 수백 배의 노력이 필요하다.

원숭이도 듣지 않는다!

커뮤니케이션은 '말하는 사람', '전달하는 내용', '듣는 사람'의 3박자로 구성된다. 하나만 빠져도 커뮤니케이션은 불가능하다. 청중의 관심을 끌지 못하면 알맹이 없는 프레젠테이션으로 전락한다.
청중을 꽉 막힌 '벽'으로 만들 것인가, '열린 귀'로 만들 것인가?

다음은 청중이 주역이라는 사실과 시작의 중요성을 제대로 인식하지 못해 저지르는 대표적인 실수들이다. 확실히 숙지하여 처음부터 실패하는 일이 없도록 하자.

1) 속사포처럼 쏟아내는 일방적인 말

- 해야 할 말이 많다
- 시간이 정해져 있다
- 남 앞에 서기만 해도 긴장된다
- 심리적 여유가 없다

이런 상태에서 서둘러 말을 꺼내는 것은 자살행위나 다름없다. 급한 마음에 정신없이 떠들다 문득 벽을 향해 얘기하는 기분이 든 적은 없는지? 들을 준비가 충분히 되지 않은 청중은 자신들을 배려하지 않은 빠른 말투를 애써 좇지 않는다. '뭘 저렇게 혼자 떠들어대는 거야?' '대체 무슨 얘기를 하려는 거지?' 하고 처음부터 프레젠터에 대해 배타적인 태도를 취하는 것이다.

청중을 보면서 한마디씩 천천히 이야기할 것 | 이 문장을 기억하면서 다음 세 가지를 숙지하자.

① 먼저 심호흡을 해 마음을 진정시킨다
② 중간 중간 2~3초씩 짬을 내 청중을 둘러본다
③ 의식적으로 천천히 말한다

간단해 보이지만 반복적으로 훈련하지 않으면 익숙해지지 않는다. 몸에 완전히 배도록 되풀이해 연습하자.

2) 기어들어가는 목소리, 잘 이해할 수 없는 말투

- 말주변이 없다
- 소극적이고 목소리가 작다
- 청중 가운데 자신보다 잘 알고 있는 전문가·기술자가 있다

처음부터 횡설수설하는 사람이 많다. 지나치게 긴장하거나 여유가 없어서이다. 자신감이 결여된 프레젠테이션은 아무도 사로잡지 못한다. 자신감이 없다면 믿음을 줄 수 없다. 이래서는 내용이 좋아봤자 소용이 없다.

큰 목소리로 한마디씩 또박또박 말할 것

> Key point
>
> 프레젠테이션은 목소리가 생명이다. 목소리가 작고 힘이 없으면 내용을 전달할 수 없을 뿐 아니라 프레젠터의 인상을 미덥지 못하게 만든다.

배에 힘을 주어라. 30명 이상의 청중 앞에 서게 될 경우에는 미리 마이크를 준비하자.

애써 준비한 프레젠테이션을 망치고 싶지 않다면 다음 사항을 거울 앞에서 매일 연습하자.

① 기분 좋게 성공했던 경험을 떠올려라. 사소한 것이라도 좋다.
　그때의 성취감과 자신감을 끌어올려라.
② 거울을 정면으로 마주보고 "할 수 있다."를 세 번 외쳐라.
③ 입모양을 또렷이 하여 '아에이오우'를 반복하라.

발성·발음 연습은 '6장 Q02'에서 자세히 다루고 있으니 참고하도록 한다. 일단 여기에서는 주눅이 든 목소리에는 아무도 귀 기울이지 않는다는 점을 명심하자.

사자후(獅子吼, 사자의 부르짖음)

발성은 자신감의 표현이다. 기선을 제압하여 시선을 끌어야 한다. 닫힌 귀를 열어젖히려면 강력하고 차분한 발성이 필요하다.

3) 상투적인 말로 시작하기

상투적인 말로 시작하는 프레젠테이션은 청중의 의욕을 단번에 꺾는다.

'뭐야, 똑같잖아.'
'다를 게 하나도 없네.'
'무슨 얘기를 할지 뻔하군.'

이 같은 판단이 내려지는 순간 청중의 마음은 현장을 떠나 엉뚱한 곳으로 흘러간다.

현대는 정보가 넘쳐나는 세상이다. 새로운 정보만 주워 담기에도 시간이 부족하다.

누구나 아는 것은 더 이상 가치 있는 정보가 아니다. 평범한 방법으로는 청중의 흥미를 끌 수 없다.

"사무실의 효율성 증대를 목적으로 참신한 디자인을 기획했습니다. 지금부터 순서에 따라 설명하겠습니다."

형식적으로는 흠잡을 데 없는 도입부지만 청중의 마음을 사로잡기에는 식상하다.

"여러분, 사무실이 좁게 느껴지시진 않습니까? 충분히 넓은 공간임에도 불구하고 때때로 비좁게 느껴지는 것은 디자인에 문제가 있기 때문입니다."

이렇게 첫머리부터 곧장 핵심을 건드리면 청중은 호기심을 느끼며 귀를 기울인다. 이어질 얘기를 기대한다.

흥미는 집중력을 불러일으키는 가장 강력한 촉진제다.

먼저 상대방이 필요한 것에 대해 질문을 던질 것 | Key point | 먼저 핵심을 언급한 뒤 문제를 지적하라. 그리고 당신이 준비한 해결책을 제시하라. '뻔한 시작'보다 문제 제기에서 출발한 제안이 훨씬 타당성 있게 들린다. 정확히 문제를 파악하고 그것을 알기쉽게 전달하는 것만으로도 청중의 공통 관심사를 끌어낼 수 있다. 그 후에 제시하는 해결책이 명확하다면 청중의 호응을 얻을 수 있다.

질문은 청중의 관심을 단번에 끌어당기는 데 효과적인 전략이다.

4) 구구절절 구차한 변명

대부분 선물을 건넬 때 "변변치 않습니다만……" 하는 식으로 조심스럽게 표현하는 것이 한국식 관습이다.

하지만 정성껏 준비한 선물이라면 "구하는 데 애먹었습니다. 꼭 맘에 드실 거라 생각합니다."라고 표현하는 것도 방법이다. 주는 이의 마음도 전달되고 상대방의 기쁨도 더할 것이다.

겸손은 자신을 내세우지 않는 소극적인 표현이다. 그러나 자신감 없는 겸손은 궁색해 보인다. 프레젠테이션도 마찬가지다.

"저희와 같은 작은 기업은 대기업과 상대도 되지 않습니다. 필요한 자료를 충분히 구하기도 어려운 일이었습니다. 그러나 저희 나름의 특징과 장점은 분명 있다고 생각합니다. 부디 저희의 제안을 들어주시기 바랍니다."

변명인가, 겸손인가? 비굴이다! 청중의 마음을 끌 수 없다. 이럴 때는 처음부터 소기업만의 강점을 내세우며 시작할 필요가 있다.

"우리와 같은 작은 기업의 장점은 상황별 대처가 빠르고 순발력이 있다는 점입니다. 대기업처럼 다양한 분야에 걸쳐 일하지는 못하지만, 한 분야에 대해서만큼은 어디에도 뒤지지 않을 만큼 전문적인 지식과 경험이 있습니다. 우리의 기술 수준이라면 대기업과 비교해도 전혀 뒤떨어지지 않는 제품을 제공해 드릴 수 있습니다. 이번 제안에 반드시 만족하실 것으로 확신합니다."

어떤 경우에도 변명은 통하지 않는다. 자신 있는 부분을 전면에 내세워 이야기를 시작하자.

핵심을 찔러라!

프레젠테이션은 만담이 아니다. 섣불리 설득하려 들지 말고, 청중이 듣고 싶어 하는 말을 던져라. 주관적인 판단, 일과 관계없는 말, 공연히 배려하는 말은 초점을 흐리고 판단력을 마비시켜 불쾌감을 증가시킨다. 쿨하게, 핵심으로 들어가라!

5) 장황한 서론

매출 신장 방안을 제안하는 자리에서, 매출이 저조한 이유, 시장의 동향, 불황의 배경 등에 대해 장시간 이야기를 늘어놓는 사람이 있다. 안타깝기 그지없다.

제안 내용을 작성할 때 문제의 원인이나 현재의 상황 분석 등은 필요한 부분이다. 그러나 구구절절 다룰 필요는 없다. 애써서 준비하였으니 하나라도 더 언급하고 싶은 게 사람의 당연한 심리다.

하지만 프레젠테이션은 자신의 수고나 지식을 과시하는 자리가 아니다. 제안하고 설득해 청중의 오케이 사인을 얻어내는 것이 목적이다.

프레젠테이션은 본인이 하고 싶은 이야기가 아니라, '상대방이 듣고 싶어하는 이야기'에 초점을 맞춰야 한다.

서론은 짧을수록 좋다. 청중이 바라는 것(Needs)을 간단하게 언급하라.

'기대감'이 가져오는 위력
–피그말리온 효과를 이용하라

1968년 하버드대 사회심리학과 교수인 로버트 로젠탈(Robert Rosenthal)은 샌프란시스코의 한 초등학교에서 전교생을 대상으로 지능검사를 했다. 그리고 각 반 담임교사에게 '지적 능력이 급속하게 성장할 아이들(학급의 약 20%에 상당하는 인원수)'이라며 명단을 건넸다. 사실 이 명단은 검사 결과와 상관없이 무작위로 작성된 가짜였다.

8개월 후 다시 조사했을 때, 놀랍게도 명단에 이름이 오른 아이들이 다른 아이들에 비해 현저하게 성적이 향상된 것으로 나타났다. 담임교사가 '명단에 기재된 어린이들은 성적이 더욱 좋아질 것'이라고 기대하며 수업을 한 것이 주요인이었다. 아이들 역시 '선생님의 기대에 부응하고자' 공부에 의욕을 불태웠다.

타인의 기대나 관심으로 인해 능률이 오르거나 결과가 좋아지는 현상을 '피그말리온 효과'라고 부른다. 로젠탈 효과, 자성적 예언, 자기충족적 예언이라고도 한다.

프레젠테이션의 성공을 마음속으로 간절하게 바라라. 상대방이 아무리 난공불락이라도, 언젠가는 귀를 기울일 거라 믿어라. 당신의 희망이 당신을 채찍질해 더 나아가게 한다.

당신의 열정적인 기원이 승화되어 상대의 마음을 움직일 것이다.

피그말리온 이야기

그리스 신화에 '피그말리온'이라는 한 남자의 이야기가 나온다. 그는 키프로스의 왕이자 뛰어난 조각가였다.

피그말리온은 현실에 존재하는 세상 여자들을 사랑할 수 없었다. 그는 어느 날 자신이 꿈꾸었던 이상형을 상아로 조각한다. 실물 크기로 만들어진 여인상은 세상의 어떤 여자보다 아름다웠다. 피그말리온은 자신이 조각한 여인상을 사랑하게 된다. 그는 여인상에 갈라테아라는 이름을 지어준 뒤, 매일 아름다운 꽃과 비단옷으로 치장해주며 사랑을 노래한다. 하루 종일 여인상만 바라보며 지내기도 일쑤였다. 날이 갈수록 더욱 뜨거워지는 피그말리온의 심장과 달리 여인상은 차갑고 굳은 몸 그대로였다. 어느 날 피그말리온은 아프로디테의 신전을 찾아가 자신의 사랑을 이루게 해달라고 기원한다. 그리고 집에 돌아와 슬픔에 젖은 채 자신이 만든 조각상을 꼭 끌어안는다. 그때였다. 여인상에서 희미한 체온이 느껴진 것이다. 기쁨에 넘쳐 더욱 꼭 끌어안자 여인의 심장 고동 소리가 그의 가슴까지 전해졌다. 피그말리온은 떨리는 입술로 여인상에 입을 맞췄다. 그의 입술에서부터 전해진 생기가 여인상의 온몸으로 퍼져나가고, 마침내 상아 여인은 살아 있는 여자로 변했다. 피그말리온의 순수하고 갸륵한 마음에 감동을 받은 아프로디테가 조각상에게 생명을 불어 넣어준 것이다.

피그말리온과 갈라테아
쟝 레온 제롬(Jean Leon Gerome, French, 1824-1904) 作

시작은 이렇게!

❶ 심호흡을 해 마음을 안정시킨 뒤 시작한다

❷ 이야기 중간 중간 청중을 둘러본다

❸ 한마디씩, 또박또박, 천천히 이야기한다

❹ "~라고 생각하지 않으십니까?" 하고 질문을 던져 문제를 지적한다

❺ 자신이나 자사(自社)의 장점을 전면에 내세운다

❻ 서론은 짧게, 곧장 본론으로 들어간다

02 | 청중 앞에 서면 시작 방법이 보인다

프레젠테이션을 하기 전에는 항상 준비 기간이 주어진다. 시간과 장소, 목적, 청중의 수까지 미리 결정되는 것이 프레젠테이션이다.

시간이 촉박하더라도 허술한 준비는 용납되지 않는다(프레젠테이션의 준비 방법에 대해서는 2장에서 자세히 설명하겠다.).

그러나 프레젠테이션은 준비만으로 성공할 수 없다. 식량, 군사, 지형을 모두 얻었다고 해도 적군을 파악하지 못하면 프레젠테이션 전투는 백전백패이다.

실제 상황이 반드시 준비한 대로 순조롭게 진행될 거라는 생각을 버려라.

프레젠테이션은 현장의 영향을 크게 받는다. 따라서 구체적으로 어떻게 시작할 것인가는 실제 상황에 맞춰 결정해야 한다.

모든 상황을 예측하여 준비한다는 것은 불가능하지만, 대처 방안을 마련할 수는 있다.

상황별로 적합한 시작 방법은 다음과 같다.

1) 흐트러진 분위기를 다잡는 방법

프레젠테이션 당일, 앞서 있던 회의가 길어지는 바람에 시작 시간이 30분 늦어지는 사태가 벌어졌다. 게다가 질의응답을 포함해 예정된 시간이 10분이나 짧아졌다. 이 경우 어떤 식으로 이야기를 꺼내는 게 좋을까?

- 상황을 무시하고 예정대로 진행한다
- 시간이 줄어든 것을 사무적으로 알리고 바로 본론으로 들어간다
- 회의 후 어수선해진 분위기가 전환될 만한 이야기를 한다

위의 세 가지 중 어떤 방법으로 시작할 것인가는 그 자리에서 판단할 문제지만, 현실적으로 '완전 무시'는 불가능하다. 두 번째 방법도 문제가 있다곤 할 수 없지만 과연 성공적으로 프레젠테이션을 진행할 수 있을지 장담하기 힘들다.

"여러분, 어떤 사람은 바람직한 결혼 문화에 관해 회의하자고 했더니 혼수 문제로 회의에 빠져버렸다고 합니다. 또 어떤 사람은 프레젠테이션이 필요하다고 하니까 선물을 사다 주었다는군요. 사실 프레젠터(presenter)란 '훌륭한 제안'을 선물하는 사람이라고 생각합니다. 선물은 성심성의껏 마련했지만, 받느냐 안 받느냐는 여러분의 선택에 달려 있겠죠. 그럼 이제 본론으로 들어가도록 하겠습니다."

이렇게 여담을 섞어가며 분위기를 전환한 다음 주제로 접근하면 훨씬 수월하게 주의를 집중시킬 수 있다.

3·11 동일본 대지진과 후쿠시마 원전사고, 올림픽 축구 대표팀의 동매달 획득과 같은 빅뉴스가 터진 이후 프레젠테이션을 진행하게 되었다고 설정해 놓고, 어떤 식으로 말을 꺼내야 할지 생각해보자. 흥미로운 화제를 접하게 될 때마다 연습 문제로 삼아 데이터를 축적하자. 순발력은 꾸준히 준비하는 자의 것이다.

2) 청중의 수와 테이블의 위치

프레젠테이션에 참여하는 청중의 수는 대부분 사전에 파악할 수 있다. 상대 회사에서 프레젠테이션을 할 경우엔 보통 7~8명, 적으면 2~3명으로 예상하면 된다.

10명 내외일 경우 테이블은 'ㄷ자형', 'V자형'으로 배치되는 경우가 많다. 드물게 '원형'인 경우도 있다.

당신이 회의장에 들어섰을 때 모두가 "기다리고 있었습니다." 하고 기대에 찬 표정으로 맞아주는 경우는 극히 드물다. 어쩌면 일부는 적대적일 수도 있다. 사람들이 당신을 보고 어떤 반응을 보이는지 잘 살펴야 한다.

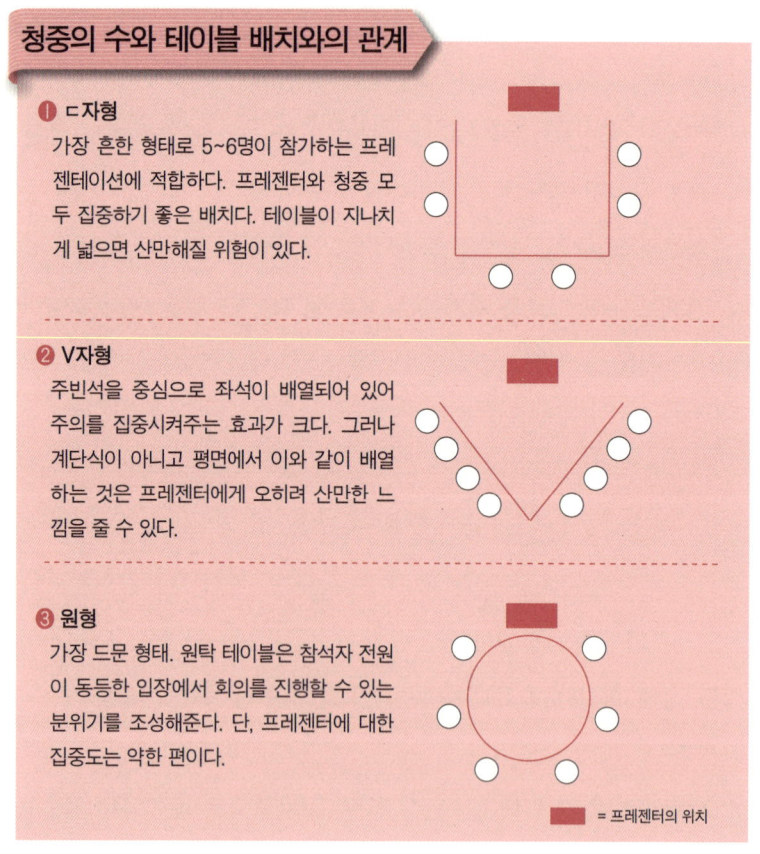

청중의 수와 테이블 배치와의 관계

❶ ㄷ자형
가장 흔한 형태로 5~6명이 참가하는 프레젠테이션에 적합하다. 프레젠터와 청중 모두 집중하기 좋은 배치다. 테이블이 지나치게 넓으면 산만해질 위험이 있다.

❷ V자형
주빈석을 중심으로 좌석이 배열되어 있어 주의를 집중시켜주는 효과가 크다. 그러나 계단식이 아니고 평면에서 이와 같이 배열하는 것은 프레젠터에게 오히려 산만한 느낌을 줄 수 있다.

❸ 원형
가장 드문 형태. 원탁 테이블은 참석자 전원이 동등한 입장에서 회의를 진행할 수 있는 분위기를 조성해준다. 단, 프레젠터에 대한 집중도는 약한 편이다.

■ = 프레젠터의 위치

당신의 이름이 소개된 뒤 청중 앞으로 나서는 순간 세심한 주의가 필요하다.

참석자가 2~3명에 불과하거나 탁자가 원형일 경우를 제외하고는 기립 자세로 이야기하는 것이 원칙이다. 대여섯 명을 앞에 두고 서서 이야기하는 것은 말처럼 쉽지 않다. 너무 가까우면 상대방을 내려다보는 격이 되어 눈을 맞추기가 어렵고 위압적인 느낌을 줄 수 있다. 지나치게 가까운 프레젠터에게 부담감을 느껴 청중의 집중력이 떨어질 수도 있다. 이럴 때는 한 발 물러서서 가능한 한 밝게, 그리고 안정된 말투로 이야기를 시작하는 게 좋다. 이때의 포인트는 청중에게 편안하고 좋은 인상을 심어주는 것. 가까운 거리에서 오는 부담감을 빨리 덜어주는 것이다.

참석자 중 한 사람이 고의인지 단순한 버릇인지 의자를 뒤로 빼고 앉아 있다고 하자. 그 사람에게 "괜찮으시다면, 조금 앞으로 당겨 앉아 주시겠습니까?"라고 상냥하게 말한 뒤 "아, 제가 다가서면 되겠군요. 죄송합니다." 하며 한 발 다가선다. 이 정도로도 프레젠테이션에 집중할 수 있을 정도의 편안함이 조성된다. 다가서거나 한 발 물러서면서 거리를 조절하면 단시간에 친근감이 형성되는 것이다.

열 명 이내의 청중을 대상으로 프레젠테이션을 할 때는 청중과 호흡을 맞춰가며 진행해야 한다. 중간 중간 협조를 구하거나 짬을 두어 상대가 발언할 기회를 주어야 한다. 청중의 수가 적기 때문에 커뮤니케이션의 여지가 생긴다.

30~50명을 상대로 한 프레젠테이션 ― 설명회·발표회 등 ― 에서는 테이블이 교실처럼 배치돼 청중을 마주보고 이야기하게 된다. 다수의 시선을 앞에 두고 긴장하지 않을 사람은 없다. 극도의 중압감을 느끼는 사람도 있다. 이럴 때는 어떻게 해야 할까?

- 긴장한 상태라는 걸 솔직하게 말한다
- 청중 안에서 호의적인 사람을 찾아 그와 눈을 맞춘다

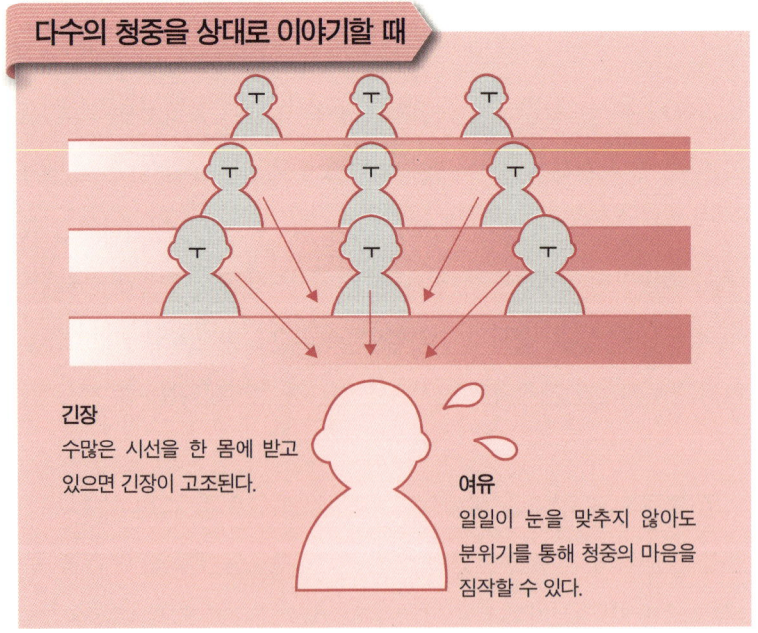

다수의 청중을 상대로 이야기할 때

긴장
수많은 시선을 한 몸에 받고 있으면 긴장이 고조된다.

여유
일일이 눈을 맞추지 않아도 분위기를 통해 청중의 마음을 짐작할 수 있다.

다수의 청중을 상대로 한 프레젠테이션에서는 마이크를 사용하게 되므로 짐짓 마이크 테스트를 해보는 것도 좋다.

"저기 뒤쪽에 계신 분들도 잘 들리십니까?" 하고 불러보자.

"들리시면 예, 하고 대답해 주십시오."

이렇게 청중에게 자연스럽게 말을 걸 수 있다면 좋은 시작이다.

"전번에는 들리지 않는다고 대답한 분도 있었습니다."라는 식의 가벼운 농담을 섞어도 좋다.

청중의 수가 많으면 일일이 시선을 전달하기 힘들다. 그러나 다수가 모여 있을 경우 반응이 더욱 즉각적으로, 분명하게 나타나기 때문에 집중도·호응도를 파악하기는 더 쉽다. 지나치게 긴장하지 않으면 청중을 다스리기란 어려운 일이 아니다.

3) 첫마디에 대한 청중의 반응을 살펴라

프레젠테이션을 시작하며 건네는 '인사'는 청중을 사로잡는 데 아주 중요한 역할을 한다.

청중 앞에 서자마자 서둘러 시작하는 실수는 범하지 말자. 우선 여유를 가지고 누가 어디에 어떤 상태로 앉아 있는지 파악하도록 한다. 주요 인물(key person)의 위치도 확인한다.

"프레젠테이션 기회를 주셔서 감사합니다."

화사하게, 또박또박, 천천히 이야기하면서 라포르([프]rapport; 말한 것이 충분히 이해된다고 느껴지는 관계), 즉 청중과의 심적 연결고리를 조성한다. 조금이라도 빨리 친근감을 가지고 싶다는 의사를 충분히 표시한다.

인사가 끝난 뒤에도 곧장 본론으로 들어가지 말고 청중의 반응을 살펴라.

"안녕하세요?"라는 인사에 즉각 "안녕하세요!" 하고 청중들이 활기차게 대답하는지, 두세 명 정도만 우물거리며 대답하는지를 통해 청중의 참가 의욕을 알 수 있다.

인사는 단순히 예의로 하는 것이 아니다. 청중의 상태를 체크하는 도구로 쓰인다. 청중의 반응에 따라 발표의 진행 방법을 바꿔야 청중의 마음을 끝까지 사로잡을 수 있다.

 ## 임기응변의 진수 1 - 강도

　어느 어둑어둑한 저녁, 한 남자가 서둘러 귀가를 하고 있었다. 그의 헌 외투 주머니 안에는 은행에서 막 찾은 2천 달러가 있었다. 남자는 얼마 안 가 모자를 눌러쓴 거구의 사나이가 뒤따라오는 것을 느꼈다. 어떻게든 정체불명의 사나이를 따돌리고 싶었지만 뾰족한 수가 없었다.

　무언가 결심한 남자는 골목을 돌자마자 재빨리 양 손에 흙을 묻혀 얼굴을 더럽혔다. 그리고 곧 자신을 뒤쫓아 모퉁이를 도는 사나이에게 몸을 돌려 다가갔다. 당황하는 사나이에게 남자는 더러운 손을 내밀며 떨리는 목소리로 말했다.

　"선생님, 자비를 베푸십시오. 굶어서 쓰러질 지경입니다."

　사나이는 그의 초라한 행색을 훑어 보았다.

　"재수가 없군. 몇 달러는 있는 놈인 줄 알았는데……."

　사나이는 동전 몇 푼을 던져주고 가버렸다.

　돈을 빼앗길 위험에 처했던 남자는 기지를 발휘해 위기를 넘겼다. 과감하게 돌아서서 강도에게 구걸한 행동은 허를 찌르는 훌륭한 반전이었다. 임기응변은 막다른 길에 몰렸을 때 힘을 발휘한다. 호랑이 굴에 들어가도 정신만 바짝 차리면 된다.

 ## 담벼락 같은 청중을 상대할 때

일본 메이지(明治) 시대에 어느 저명한 학자가 선사 남은(南隱)을 찾아와 물었다.

"선(禪)이란 무엇입니까?"

남은은 아무 대답 없이 학자의 잔에 찻물을 부었다. 이윽고 잔이 가득 차 넘치기 시작했지만 그는 따르기를 멈추지 않았다.

넘쳐흐르는 잔을 쳐다보던 학자가 소리쳤다.

"이미 충분하니 그만 부으십시오."

그제야 남은이 조용히 대답했다.

"당신은 이 찻잔과 같습니다. 당신이 마음을 비워야만 제가 당신에게 선을 얘기할 수 있습니다."

프레젠테이션을 시작하기 전에 청중이 오직 당신의 프레젠테이션에 집중하도록 만들어야 한다. 청중의 마음을 물기를 흡수하는 스펀지처럼 만들라. 당신의 신념, 열정, 상상력을 청중의 마음속에 채워 넣어라.

프레젠테이션을 '빈 찻잔' 얘기로 시작해보자.

청중의 머릿속을 가득 채우고 있는
상념을 비워라
청중이 마음의 잔을 비워야
당신이 준비한 제안을 부을 수 있다

03 청중의 마음을 사로잡는 세 가지 기술

연설가로서 명성이 자자한 엘머 휠러(Elmer Wheeler)는 시작의 중요성을 강조했다.

"처음 10초 안에 청중을 사로잡아라. 이때를 놓치면 10분을 투자해도 만회하기 어렵다."

뛰어난 이야기꾼은 첫마디를 소중하게 여긴다. 본론과 상관없어 보이는 이야기 한 토막이 청중의 마음을 끌어당기고, 그에게 집중하게 만들기 때문이다.

따라서 어떤 종류의 말하기든 능숙하게 하고 싶다면 짤막한 이야기로 흥미를 유발시키는 기술을 갈고 닦아야 한다.

영상과 그림 등 비주얼에 의존하지 말라. 오로지 당신의 말솜씨로 청중의 마음을 낚아야 한다.

첫마디는 악수와 같다!

어떻게 손을 내밀 것인가? 상대가 아무런 저항 없이 악수에 응한다면 일단 성공이다. 첫마디에 대한 호응도가 좋다면 귀 기울일 준비가 되었다는 신호다.

간혹 청중을 웃기기 위해 농담을 익히려는 사람이 있는데, 농담을 잘하기란 그리 쉽지 않다. 잘못하면 오히려 분위기가 썰렁해질 수 있다. 섣불리 탤런트나 코미디언을 흉내내지 말자.

청중의 마음을 사로잡을 수 있는 방법은 다음의 세 가지로 정리할 수 있다.

1) 분위기를 만들어라

첫인사를 건넨 후 청중의 반응이 좋지 않았다고 하자. 이런 경우 분위기를 조성해 청중의 마음을 풀어야 한다.

분위기가 충분히 달아오르지 않은 상태로 발표를 진행하면 일방적인 프레젠테이션이 되기 쉽다. 청중이 반응하지 않으면 프레젠터 역시 진행에 어려움을 느낀다. 공들여 준비한 프레젠테이션은 불완전 연소된 채로 끝나버리고 만다.

그럼 '분위기 조성'은 어떻게 해야 할까?

① 청중이 말하게 하라

어느 미국인 강사가 내한해 프레젠테이션을 진행했다.

"안녕하세요?"

서툰 한국말로 인사를 건넸지만 별 반응이 없었다. 그는 싱글벙글 웃으며 더욱 익살스럽게 외쳤다.

'고백하게 만드는 여자' 오프라 윈프리

토크쇼의 여왕 오프라 윈프리. 한때 그녀의 이름은 동사처럼 쓰였다. 미국 고등학생들은 '오프라(Oprah)'를 '(속내, 사연을) 고백하게 하다'는 뜻의 동사로 썼다.

그녀의 가장 큰 장기는 냉철한 이성과 따뜻한 감성이 어우러진 화술이다. 출연자의 고민으로 파고 들어가 그가 겪는 고통을 고백하게 만든다.

모든 질문에 상대가 반드시 대답한다고 생각하지 말라. 청중의 연령층, 관심사를 고려하여 답변을 유도해야 한다. 공통되는 화제를 도저히 찾을 수 없을 때는?

'가족 — 특히 엄마에 얽힌 이야기'를 꺼내라. 엄마 없이 태어난 사람은 없다.

"원스 모어(Once more), 안녕하세요!"

이번에는 일제히 큰 소리로 "안녕하세요!"라고 대답했다. 그는 환하게 미소 지으며 "잘 부탁합니다."라고 말한 뒤 프레젠테이션을 진행했다. 어설픈 한국말을 구사하는 낯선 외국인이었지만 30초도 되지 않아 친근감 있게 분위기를 조성한 것이다.

이는 청중에게 말을 하게 하는 전형적인 방법이다.

② 협조를 구하라

청중 가운데 온화해 보이는 사람을 찾아내 협조를 구하자.

"제가 몇 살로 보이십니까?"

대부분은 실제 나이보다 젊어 보인다고 말한다. 그러면,

"그렇게 젊어 보이나요? 감사합니다. 소싯적에는 실제보다 어려 보이는 게 싫었는데, 이 나이가 되니까 한 살이라도 더 젊어 보이고 싶어 용을 쓰게 되더군요. 사람의 마음이란 게 워낙 변덕이 심하잖습니까?"

하면서 반응을 살핀다. 고개를 끄덕이는 사람이 많으면 많을수록 분위기가 무르익었다는 신호다. 만약 청중이 젊은 남성층이라면 "어제 저녁 축구 경기 보셨나요?" 혹은 "축구 좋아하십니까?"라고 물어보자. 대부분 고개를 끄덕일 것이다.

"축구는 특히 커뮤니케이션의 스포츠라고 하죠. 커뮤니케이션이 원활하지 않은 축구팀은 아무리 뛰어난 선수들이 많아도 패할 수밖에 없습니다. 사회도 마찬가지지요. 소비자와 커뮤니케이

션하지 못하는 기업은 망하기 마련이고, 직장 내에서 커뮤니케이션이 안 되는 직원은 왕따를 당합니다. 저는 오늘, 어떻게 커뮤니케이션을 활성화할 수 있을 것인가에 대해 제안하고자 합니다."
이렇게 본론으로 자연스럽게 들어가면 좋다.

③ 청중의 주변 상황에도 관심을 갖고 이야기하라

"길 건너편에 사람들이 죽 줄지어 서 있어서 무슨 일인가 했더니, 그 많은 사람들이 다 김치찌개를 먹으려는 손님이라고 하더군요."
"그렇죠. TV에 그 집 김치찌개가 소개된 뒤부터 매일 장사진을 이룬답니다."
"이렇게 한 번 전파를 타는 것만으로도 그 식당의 가치가 더욱 높아진 것이죠. 광고가 가진 힘이기도 합니다."
"예? 드셔보셨어요? 아, 그렇게 맛있습니까? 이 시간 끝나면 저도 가봐야겠군요."

적은 수의 청중을 대상으로 한 프레젠테이션의 경우 이렇게 말을 주고받으면 분위기가 금방 조성된다. 청중은 물론 그 주위에도 관심을 보이며 이야기를 시작하는 것은 그렇게 어렵지 않다.

2) 흥미와 관심을 불러일으켜라

청중이 프레젠터의 제안에 관심을 가지고 있다면 출발부터 매우 순조롭다. 그러나 프레젠터의 관심과 청중의 관심이 일치하지 않을 때도 많다.

예를 들어 커뮤니케이션에 대한 강의를 할 때,

'말이야 누구나 할 수 있지.'

'말하는 게 뭐 어려워?'

이렇게 생각하는 사람에게는 말하기의 중요성을 아무리 강조하고 설명해도 들리지 않는다. 자신이 건강하다고 믿는 사람은 한사코 약을 먹지 않는다.

건강했던 지인이 돌연 발작을 일으켜 갑작스런 죽음을 맞이했다고 가정해 보자. 게다가 그는 당신과 동갑이다. 이런 상황에서는 건강했던 사람도 자신에 대한 믿음이 흔들리게 되고, 이런저런 건강법에 대해서 관심을 보이기 시작한다.

처음부터 흥미를 불러일으키고 관심을 보이게 하려면 어떻게 해야 할까?

① 궁금증을 일으켜라

"철저하게 성과주의 중심으로 운영되는 기업이 늘어가고 있습니다. 그래서 사내 커뮤니케이션 활성화에 많은 노력을 기울이는 회사가 있습니다."

얼핏 엉뚱하게 이어지는 것 같은 말이다. 청중은 '응? 무슨 소리야?'라고 고개를 갸우뚱거린다.

"극심한 스트레스로 인한 업무능력 저하, 만성피로, 의욕상실 등을 호소하는 사람들이 늘고 있습니다. 기업이 효율성만을 강조한 나머지 사원들이 대인관계에 소홀하게 된 탓입니다. 대인관계의 갈등이 스트레스를 불러온 것이지요. 이는 장기적으로 볼 때 기업에 큰 손실을 초래할 수 있습니다. 그래서 기업차원에서도 '마음의 교류'에 대해 관심을 갖기 시작한 것입니다."

이렇게 말하면 그제야 청중은 '과연!' 하고 생각하게 된다. 그리고 뒤이어 나올 내용에도 흥미를 가지고 계속 귀를 기울인다.

제 갈 길을 가고 있는 사람을 원하는 방향으로 이끌기 위해서는 일단 멈춰 세워야 한다. 미처 예상하지 못했던 말, 의외의 전개로 말을 걸어라. '응?', '뭐라고?'와 같은 의문이 마음속에 불쑥 일어나게 하라.

② 질문하라 그리고 생각하게 하라

당신은 지금 회의를 줄이자고 말하고 싶다. 그런데 한창 바쁜 시기에 회의가 문제냐는 냉랭한 반응이 나올 것 같다. 그렇다면 본격적인 제안에 앞서 이렇게 질문을 던져라.

"회의 시간을 한 시간으로 제한하고 발언 시간을 한 번에 1분으로 정해 실행할 경우, 회의를 통해서만 절약되는 인건비가 얼마나 될 거라고 생각하십니까?"

그리고 작년 1년 동안의 회의 횟수, 회의에 소요된 시간, 참석자 발언 시간 등을 그래프나 수치로 나타낸 자료를 보여준다. 시간을 절약했을 경우의 가상 데이터를 나란히 비교해, 별 거 아닌 것 같지만 실제로는 무시 못할 만큼의 경비가 삭감되는 것을 보여준다. 이제 사람들은 당신의 제안에 흥미를 느낄 것이다.

"지금까지의 회의는 효율성을 전혀 고려하지 않았습니다. 따라서 불필요한 회의를 줄이는 동시에 회의 운영 자체의 효율화를 검토해야 한다고 생각합니다. 그래서……."

먼저 필요성을 느끼게 한 뒤 본론으로 들어가라.

③ 선입견을 뒤집어라

처음부터 '이런 제안은 필요 없어', '들어봤자 무슨 소용'이라고 생각하는 사람들에게는 선입견을 뒤엎을 만한 사고의 전환, 시각의 변화가 필요하다.

커뮤니케이션 연수를 제안하고 싶은 사람이 있었다. 그는 평소 말 잘하는 사람 치고 제대로 된 사람 없다는 신념을 가진 사람이었다.

"말이라는 것을 반드시 잘할 필요는 없습니다. 그것보다 더 중요한 게 있죠. 그게 무엇일까요?" 하고 질문을 던졌다. 그리고 이렇게 대답했다.

"커뮤니케이션에서 가장 중요한 것은 상대방의 입장에 설 줄 알아야 한다는 것입니다. 어떻게 하면 상대방의 입장에 설 수 있을까요? 그것이 이번 연수의 테마입니다."

이렇게 커뮤니케이션의 본질은 달변이 아니라, 상대방의 입장에 서서 이해하는 것임을 일깨울 수 있었다.

꽃씨를 심는 데는 질문만큼 좋은 삽이 없다.

3) 아우트라인을 제시하라

레스토랑에 들어가면 먼저 메뉴를 살펴보듯이, 프레젠테이션에 적극적으로 참여하고자 하는 사람은 내용의 아우트라인(Outline)을 먼저 파악하고 싶어한다.

분위기를 조성할 필요도 없고 주의를 환기시킬 필요도 없다. 준비는 이미 다 되어 있다. 이럴 때는 먼저 이야기해야 할 것이 아우트라인이다.

프레젠테이션의 첫 부분을 '도입'이라고 한다. 아우트라인을 간단하게 요약해 소개함으로써 본론에 무리 없이 연결해 간다면 청중은 끝까지 귀를 빌려줄 것이다.

"업무 효율화에 대한 제안으로 들어가기 전에 우선 개요에 대해 말씀드리겠습니다. 전체는 세 부분으로 나뉘어져 있습니다. 첫째로 현재의 문제와 원인에 대해 이야기하겠습니다. 둘째, 문제를 개선하기 위한 구체적인 방법을 말씀드리겠습니다. 마지막으로, 개선 방안의 장점과 단점을 비교하여 설명하겠습니다. 실무에 관련된 사항을 두 가지 정도 첨부하는 것으로 마무리하도록 하겠습니다. 예상 소요 시간은 15분입니다."

청중의 입장에서는 앞으로 들을 내용의 대강을 알기 때문에 불안감이 사라지고 편안해진다. 또 밑그림을 그리고 시작하는 셈이므로 더 쉽게 이해할 수 있다.

아우트라인을 제시해 청중이 편안히 참여할 수 있도록 하자.

먼저 호기심을 건드린 후 본론으로 들어가라

　제나라 재상 정곽군은 영지로 삼고 있던 설(薛) 땅에 자신의 성을 쌓으려고 했다. 그러자 측근들이 공사를 중지하도록 간언했다. 귀찮게 생각한 정곽군은 "이 문제로는 누구든 만나지 않을 것이며, 일체 언급을 삼갈 것"을 천명했다. 얼마 후 한 세객(說客)이 찾아왔다. 그는 "딱 세 마디만 하겠소. 그 이상 말하면 나를 가마솥에 넣고 삶아도 좋소." 하고 물러나지 않았다. 호기심이 동한 정곽군은 면담을 허락했다. 세객은 종종걸음으로 들어와서 "바다(海), 큰(大), 물고기(魚)!" 하고는 뛰어나가려 했다. "기다리게!" 도무지 무슨 소리인지 알 수 없었던 정곽군이 엉겁결에 소리쳤다.

　"전 억울하게 죽기 싫습니다."

　"그런 걱정 말고 자세히 말해 보시오."

　그러자 세객이 비로소 말문을 열었다.

　"거대한 물고기는 어부가 친 그물에 걸리지 않습니다. 낚시로 낚을 수도 없습니다. 그러나 그렇게 큰 물고기도 바다에서 뛰쳐나오면 한낱 벌레들의 먹잇감에 불과합니다. 제나라는 당신에게 바다와 마찬가지입니다. 큰 물고기는 바다만 떠나지 않으면 안전합니다. 그러니 굳이 설 땅에 성을 쌓을 필요가 없습니다. 괜히 성을 쌓아 왕의 의심을 받으면 제나라와 멀어질 테니, 성이 하늘에 닿은들 무슨 소용이겠습니까."

　"과연 그렇구나!"

정곽군은 두말 않고 성을 쌓는 일을 단념했다.

세객은 뜻을 종잡을 수 없는 세 개의 단어로 호기심을 불러일으킨 뒤 본론으로 들어가, 누구의 말도 듣지 않던 정곽군의 고집을 단번에 꺾었다. 전혀 뚱딴지 같은 소리 ― 앞뒤 맥락 없이 핵심의 일부만 드러내기 ― 로 귀가 번쩍 뜨이게 하라. 그 후 뜻을 풀어 주제와 연결시켜라. 사람은 완전한 것보다 불완전한 것에 더 큰 호기심과 기대감을 품는다. 오늘날의 티저광고와 같은 수법이다.

티저광고

티저(teaser)란 '괴롭히다, 조르다'는 뜻을 가진 'tease'에서 비롯된 말로 중요한 내용을 감춰 소비자들의 궁금증을 유발한 뒤 점차 본모습을 드러내는 방식의 광고를 말한다. 이 광고 방식은 특히 인쇄 광고에서 소비자의 관심을 끌기 위해 많이 쓰인다. 공식적인 제품 출시일 이전까지 제품의 일부분만을 보여주거나 불완전한 정보만을 제공해 소비자들의 호기심과 기대감을 높여 최종 광고효과를 극대화하려는 의도에서다.
심리학적으로 폐쇄성의 원리(Closure Theory)로 설명할 수 있다. 사람은 불완전한 형태를 보면 그것을 완전하게 채우고 싶어한다. 때문에 역설적으로, 완전한 모습보다 불완전한 모습에 더 흥미를 느끼고 기억을 잘하게 되는 것이다.

"뚜우- 뚜우- 뚜우- 뚜 뚜 뚜 뚜 뚜"
이 광고는 소리만 들려준다. 모스 부호이다.
제품의 정보, 이름 따위는 전혀 없다. '뚜우 뚜-'거리는 소리만으로 사람들의 시선을 끌었다. 이 광고를 접하고 사람들은 모스부호를 검색하거나 궁금해 한다. 검색해 본 사람들은 모스부호가 K5를 의미한다는 것을 알게 되고, K5가 무엇인지도 검색한다. 사람들이 스스로 광고 메시지를 찾게 하는 것, 알아낸 사람들이 이 메시지를 전파하도록 하는 것. 이것이 바로 이 광고의 핵심이다.

04 | 청중에게 신뢰를 주고 편안하게 만드는 자세

프레젠테이션은 대면(對面) 커뮤니케이션이다. 청중의 눈앞에 화자가 모습을 직접 드러내어 그 자리에서 육성으로 진행한다. 때문에 화자의 모습과 태도는 프레젠터의 성공에 결정적인 변수로 작용한다. 인간은 눈에 들어오는 자극에 가장 민감하기 때문이다.

뛰어난 능력을 지닌 사람으로 주위의 높은 평가를 받고 있던 A씨가 업무의 전산화에 대해 프레젠테이션을 한다.
그의 시선은 고정되지 못하고 불안하게 움직인다. 손을 바들바들 떨었고 이마엔 땀이 흘렀다. 참석자들은 프레젠테이션의 내용보다 A씨의 태도가 신경이 쓰여 도무지 집중할 수가 없다. A씨의 평가는 급속도로 하락하고, 그에 대한 기존의 평가는 재고의 대상이 된다.

내용도 훌륭하고 이야기 솜씨도 좋았건만, 두리번거리는 눈동자와 안정감 없는 몸짓이 모든 것을 망쳐버렸다.

프레젠테이션이라고 하면 무엇보다 내용과 화법에 신경이 집중된다. 이것들은 중요하다. 그러나 눈으로 받아들이는 요소, 즉 모습이나 태도 등의 비언어(非言語)적인 면에도 신경을 써야 한다.

캘리포니아 대학의 사회심리학자인 앨버트 메라비언(Albert Mehrabian) 박사는 상대방에게서 받는 인상의 값을 100으로 상정했을 때, 그 중 55%를 시각적 이미지가 차지한다는 통계연구를 발표

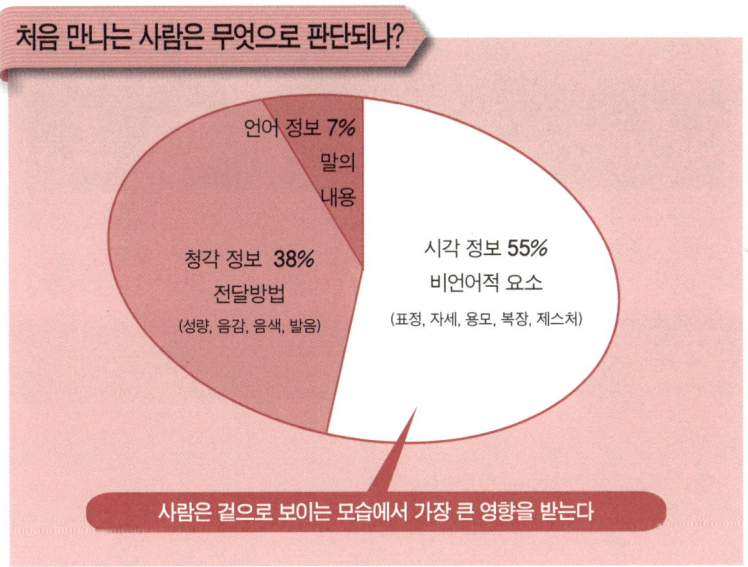

긴장을 풀어라!

긴장과 스트레스가 경직된 자세를 만든다. 자연스러운 자세는 호감과 신뢰감을 준다. 얼굴의 근육을 문지르고 팔다리를 가볍게 털어 신체 곳곳의 관절을 부드럽게 하자. 몸이 유연해야 마음도 여유로워진다. 그래야 청중이 던지는 뜻밖의 질문이나 난처한 상황에 침착하게 대처할 수 있다.

한 바 있다. 일반적으로 가장 중요한 것으로 취급되어 왔던 말의 내용은 불과 7%밖에 영향을 미치지 못한다.

내용으로 승부하기도 전에 이미 태도와 전달 방법으로 게임이 끝나버린다. 따라서 알맹이를 제대로 전달하기 위해서는 '태도와 전달 방법', 두 관문을 돌파하지 않으면 안 된다.

결국 프레젠테이션을 성공으로 이끄느냐 실패하느냐는, 프레젠터가 얼마나 자신감 있고 여유 있는 태도로 청중들을 사로잡느냐에 달려 있다.

'내용'이 중요치 않다는 말은 아니다. 내용이 없는 프레젠테이션은 아무런 의미가 없다. 그러나 내용으로 모든 것을 해결할 수 있으리라고 믿어서는 안 된다. 일단은 듣게 만들어야 이해시킬 수 있고, 이해를 시켜야 납득시킬 수 있고, 납득시켜야 설득할 수 있다는 것을 명심하자.

1) 호감과 신뢰감을 주는 태도

프레젠터의 이미지를 결정짓는 구체적인 요소로 다음의 다섯 가지를 들 수 있다.

① 모습 ② 자세 ③ 표정 ④ 시선(눈 맞춤) ⑤ 제스처

키가 크고 당당한 체구의 사람이 가까운 거리에서 이야기를 하면 청중은 압박감을 느낀다. 거꾸로 체구가 작은 사람이 주로 구석에서 진행하면 존재감이 희박해져 프레젠테이션의 설득력도 약해진다.
자신의 키와 체구 등이 상대에게 어떻게 보일지를 미리 생각해 보고, 적절히 활용할 수 있는 방안을 궁리하자.

복장도 매우 중요하다. 특히 직장인의 복장은 자신의 품위와 기업의 이미지를 결정짓는 잣대이므로 장소와 때에 따라 선택해 입어야 한다. 맵시 있고 단정한 옷차림은 그 사람의 신뢰도를 높여 준다. 희대의 사기꾼들은 하나같이 패션과 예의범절에 밝았음을 기억하자.

자세는 기세이다. 자신감의 유무를 느끼게 할 뿐 아니라 화자의 목소리에도 영향을 미친다. 등을 곧게 펴고, 턱을 약간 안으로 잡아당긴 듯한 느낌으로 선다. 당당해 보임과 동시에 목소리가 힘 있게 나온다.

청중이 우선 주목하는 것은 프레젠터의 얼굴이다. 자신감 있고 부드러운 미소를 띤 표정은 청중을 안심시킨다. 얼굴이 평범하더라도 멋지게 웃을 줄 아는 사람은 단숨에 호감을 얻는다. 완벽한 외모의 미남·미녀도 무표정한 얼굴로 이야기하면 좋은 인상을 줄 수 없다.

첫 인사말을 할 때는 가장 멀리 있는 사람에게 시선을 둔다. 그렇게 해야 전체에게 말을 거는 듯한 인상을 줄 수 있다. 가까이에 있는 사람에게 시선을 맞추게 되면 그 뒤쪽에 있는 사람들은 동떨어진 느낌을 받으므로 좋지 않다.

이야기를 시작하면 시선이 한곳에 머물러 있지 않도록 한다. 시선과 함께 던지는 말은 상대방의 마음으로 전달된다. 눈을 마주치기 쉬운 사람부터 주변으로 시야를 서서히 넓혀가며 시선을 교환하자.

체형에 따른 셔츠와 넥타이 코디 법

- **키 크고 뚱뚱한 체형** : 푸른색 계열의 셔츠에 잔무늬가 들어간 짙은 색 넥타이
- **키 크고 마른 체형** : 밝은 색상의 셔츠에 붉은색 계열의 넥타이
- **키 작고 뚱뚱한 체형** : 단색 셔츠에 사선으로 된 줄무늬 넥타이
- **키 작고 마른 체형** : 밝은 색상의 셔츠에 잔무늬가 들어간 폭 좁은 넥타이

제스처나 동작이 없는 '국어책 읽기'는 전달력이 떨어진다. 풍부한 제스처는 '곁들이는 것'이 아니라 절대적으로 필요한 기술이다. 반면 프레젠터가 무의식적으로 행하는 사소한 습관들 — 이야기 도중 코 밑을 손가락으로 훔치거나, 반복적으로 혀를 내밀어 입술을 축이고 눈을 지나치게 자주 깜빡이는 등 — 은 청중의 집중도를 떨어뜨릴 수도 있으므로 프레젠테이션을 하는 동안에는 동작 하나하나에 주의를 기울여야 한다.

2) 기립 자세에서의 체크 포인트

타인 앞에 서서 이야기할 때 체크해야 할 포인트는 다음과 같다.

① 등 ② 시선 ③ 손의 위치 ④ 발 및 허리 ⑤ 복장

다음의 표를 통해 체크해 보자.

기립 자세에서의 체크 포인트

➡ **등**
- ☐ 어깨의 힘을 뺀다
- ☐ 등을 곧게 편다
- ☐ 턱을 잡아당긴다
- ☐ 전체적으로 자연스러운가?

➡ **시선**
- ☐ 이야기를 시작하기 전 전체를 둘러본다
- ☐ 한 사람 한 사람 눈을 맞춘다
- ☐ 온화한 시선
- ☐ 밝은 표정

➡ **손의 위치**
- ☐ 양옆으로 늘어뜨린다
- ☐ 뒷짐을 지지 않는다
- ☐ 신경이 쓰이는 버릇을 고친다
- ☐ 적절한 제스처를 취한다

➡ **발과 허리**
- ☐ 체중을 양쪽 발에 균등하게 싣는다
- ☐ 양쪽 발바닥을 바닥에 딱 붙이고 선다
- ☐ 무릎을 편다
- ☐ 아랫배에 가볍게 힘을 준다

➡ **복장**
- ☐ 장소에 맞는 복장이다
- ☐ 머리 모양이 단정하다
- ☐ 구두가 광택이 나게 닦여 있다

3) 태도는 무언(無言)의 자기표현

영업담당인 B씨. 오랫동안 거래한 회사의 자회사로부터 프레젠테이션을 의뢰받았다. 모회사의 소개도 있고 해서 간단하게 준비해서 편안 마음으로 나섰다.

도착해 보니 회의실에는 부장과 다른 임원들까지 모여서 기다리고 있었다. 순간 대충 준비해 온 것을 후회했지만 이미 엎질러진 물이었다.

어쩔 수 없이 자신의 입담에 의지하기로 하고 자신만만하게 프레젠테이션에 임했다. 천성적으로 말재주가 있었던 B씨는 그럭저럭 '해치웠다'고 생각했다. 긴장을 풀고 돌아가려는 순간, 상대측의 담당자가 말했다.

"다음에는 제대로 준비하고 와주십시오."

준비가 부족하다는 심적 동요나, '이 정도쯤이야……' 하고 상대방을 쉽게 보는 태도는 어느 순간 반드시 드러나 상대방에게 전해진다. 본인이 미처 의식하지 못하는 사이에 그 사람의 생각이나 심적 상태 등이 나타나는 것이다.

똑같이 "잘 부탁드립니다."라고 말해도, 한 사람은 정중하게 고개를 숙이며 말하고, 한 사람은 거만하게 서서 팔짱을 낀 채 말한다면 그 의미는 완전히 달라진다. 듣는 사람 입장에서 후자는 모욕적이기까지 하다. 말로는 잘 부탁한다고 했지만 태도는 상대방을 무시하고 있으며 그것이야말로 '본심'으로 보이기 때문이다.

태도는 화자의 마음을 나타낸다. 마음이 태도와 표정으로 나타난다는 것을 모쪼록 잊지 말자.

프레젠테이션의 첫인상이 청중의 반응을 크게 좌우한다는 것을 알 수 있다.

유감스럽게도 청중은 화자의 말을 객관적으로 이해하지 않는다.

실제로는 주관적, 감정적으로 받아들이는 사람들이 훨씬 많기 때문이다.

아니 사람이라면 누구나 타인의 말을 들을 때 비교적 호감이 가는 사람의 말을 더 열심히 경청한다.

그와 반대로 그닥 좋지 않은 인상을 주는 사람에 대해서는 내용도 신뢰하지 않는다. 아예 처음부터 반항적인 태도로 일관하며 잘 듣지 않기도 한다.

 ## 태도는 겸손하게 말은 신중하게

태종이 중신들에게 말했다.

"황제가 되면 자신을 낮출 필요도 없고 무엇 하나 두려워할 게 없다고들 한다. 그러나 짐은 항상 하늘을 두려워하고 신하의 비판에 귀를 기울이며 애써 겸허하게 행동해왔다. 황제 된 자가 겸허함을 잊고 오만한 태도를 취하면, 정도를 벗어났을 때 그 잘못을 지적해 주는 사람이 아무도 없을 것이다. 누군가와 얘기를 나눈다는 것은 대단히 어려운 일이다. 일반 서민도 남과 대화할 때 조금이라도 감정이 상하는 말을 들으면, 그것을 기억하고 있다가 반드시 보복을 한다. 하물며 만백성의 군주 된 자가 신하와 말을 할 때 조그만 실언이라도 해서야 되겠는가. 군주의 말은 가령 사소한 것이라도 영향을 끼치는 바가 매우 크기 때문에 서민의 실언과는 비교가 안 된다. 수나라 양제가 처음으로 감천궁이라는 곳에 갔을 때, '반딧불을 약간 잡아다 연못에 놓아주는 게 좋겠다.'고 명하였더니 담당 관리가 재빨리 수천 명을 동원해 마차 5천 대분의 반딧불을 운송해 왔다고 한다. 이와 같이 자잘한 일에서도 그러한데 천하의 대사에 이르러서는 그 영향을 미치는 바가 얼마나 크겠는가? 따라서 군주 된 자는 언행을 조심해야만 한다."

-「정관정요」

한 나라의 왕도 말의 위험성을 이처럼 깊이 자각하고 스스로를 부지런히 경계했다. 또한 강직한 성품의 신하들을 항상 가까이 두고 국사를 상의하였다. 덕분에 당 태종의 통치 기간 중 당나라는 그 어느 때보다도 평화로웠다.

당신이 프레젠테이션의 달인이라 하더라도 겸허한 태도를 잃어선 안 된다. 화술의 달인이라 하더라도 생각 없이 말이 튀어나오는 일이 없게 하라. 능력이 커지면 자만심이 깃든다. 항룡유회(亢龍有悔)! 하늘 끝까지 다다른 용에게는 반드시 후회가 있다! 자신감이 커질수록 청중의 의중을 살피고 겸손해야 한다. 태도를 가지런히 하고 말을 다듬으면, 저절로 사람이 따른다.

정관정요(貞觀政要)

당 태종의 정치에 관한 중요한 언행과 제자와 나눈 대화를 담은 책. 정치의 실천 지침서. "정관(貞觀; 곧을 정, 볼 관)"은 태종의 연호(年號)로 627~649년에 해당된다. 중국 역사상 가장 통치가 잘 이루어진 기간 중 하나이다. 우리나라에서는 대대로 왕의 필독서였다. 사진은 당태종의 초상.

05 프레젠테이션이란 무엇인가?

'프레젠테이션(Presentation)'이란 단어가 사용되기 시작한 것은 약 20년 전부터이다. 첫 등장 이후 정확한 말뜻이 정해지지 않고 사용된 탓에 빈번하게 듣는 단어임에도 그 정체를 잘 모르는 사람이 아직 많다.

프레젠테이션의 뜻은 여러 가지이다. 사전을 보면 증정, 바침, 기증, 표시, 발표, 외양, 소개, 공연, 연출, 제출, 제시 등의 뜻을 가진다. 프레젠테이션은 자신이 가지고 있는 생각이나 자료들을 상대방에게 전달하기 위한 '말하기 형태의 모든 것'이라고 할 수 있다. 한마디로 프레젠테이션은 '제안형 설득'이다.

프레젠테이션을 지탱해주는 요소는 다음과 같다.

1) 다수를 대상으로 하는 커뮤니케이션

1대 1 대화는 프레젠테이션에 속할 수 없다. 프레젠테이션은 어디까지나 다수를 대상으로, 기획·제안을 설명하고 설득하는 행위이다.
이때 '다수'의 범위는 적게는 3~4명, 많게는 100~200명까지의 대중을 포함한다. 청중의 수가 커지면 커질수록 일방적인 발표로 끝나기 쉬우므로, 청중의 반응을 주의 깊게 살피고 질문을 수시로 던지는 등 쌍방향성을 확보하는 노력을 기울여야 한다.

2) 프레젠테이션은 연설과 다르다

다수의 청중 앞에서 이야기하는 것을 일반적으로 '연설(Speech)'이라고 부른다. 프레젠테이션 역시 청중 앞에서 이야기한다는 점에서 연설에 포함된다. 따라서 효과적인 연설을 위한 노력이나 방법론은 프레젠테이션에도 그대로 적용된다.
연설과 다른 점도 있다. 연설은 특별한 목적 없이 다수에 대한 '인사'로서 행해지는 경우가 많다. 그러나 프레젠테이션은 기획이나 아이디어에 대한 제안을 발표하고 협력을 이끌어낸다는 분명한 목적이 있다. 따라서 설명·설득하기 위한 방법론이 대부분을 차지한다.

카멜레온처럼 변신에 능해야 한다

카멜레온의 특징

① 머리에 투구의 뿔을 닮은 돌기가 솟아 있다.
  ➜ 청중은 쉽사리 마음의 벽을 허물지 않는다. 핵심을 찔러 벽부터 허물어라!
② 앞다리, 뒷다리의 1~3번째 발가락이 안쪽을 향해 있어 나무에 매달리기 편하다.
  ➜ 청중은 냉정하다. 준비를 철저히 해야 애송이 취급을 안 받는다.
③ 양쪽 눈이 따로 움직이며 360° 회전이 가능하다.
  ➜ 결정적 순간은 아주 작은 조짐에서 비롯된다. 온 신경을 동원하여 청중의 반응을 포착하라!
④ 혀는 머리와 몸통을 합한 길이보다 길며, 끝이 둥글고 끈적거려서 먹이를 잡기에 좋다.
  ➜ 이때다 싶은 순간, 빠르고 강하게 상대의 마음을 잡아채라!
⑤ 주변 빛의 강약, 온도, 감정에 따라 몸의 빛깔이 바뀐다.
  ➜ 준비와 자신감은 기본이다. 화술까지 장착했다면 임기응변을 배워라. 내용 자체를 완전히 몸에 익혔다면 변하는 상황에 따라 적절하게 대처할 수 있다.

3) 프레젠테이션은 발표 기술이다

프레젠테이션은 여럿이 둘러앉아 편안하게 이야기를 나누는 '대화'와는 크게 다르다. 즉 대화에 능숙한 사람이라고 해서 반드시 프레젠테이션을 잘 한다고 할 수 없다. 대화와 프레젠테이션에서 요구하는 능력과 조건은 크게 다르다.

남 앞에서 새로운 제안을 발표하는 것이므로, 하나의 화제를 논리정연하고 일관성 있게 끌고 가야 한다. 또한 청중의 이해도를 높일 수 있는 설명 능력, 청중의 호감을 이끌어낼 수 있는 인간적인 매력도 요구된다.

4) 프레젠테이션의 목적은 설득이다

앞서 프레젠테이션을 '제안형 설득'이라 정의 내렸듯, 프레젠테이션의 최종 목적은 설득이다. 프레젠테이션이라는 이름을 빌어 단순히 '보고'가 진행되는 경우도 있지만 이 역시 차후의 설득을 목적으로 한 정보 제공이라고 볼 수 있다.

프레젠테이션은 대부분 전반부에는 제안에 대해 설명하고 후반부에 이르러 본격적으로 설득하는 구조를 갖추고 있다. 설득을 하기 앞서 타당성을 검증하는 단계를 밟는다.

프레젠테이션의 위치

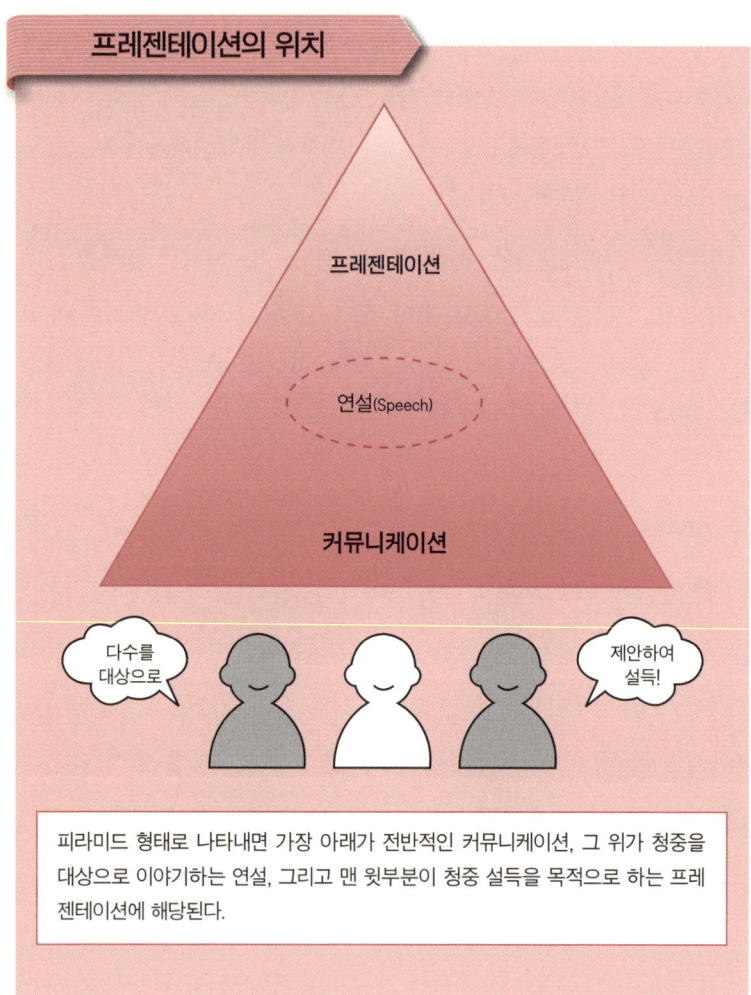

피라미드 형태로 나타내면 가장 아래가 전반적인 커뮤니케이션, 그 위가 청중을 대상으로 이야기하는 연설, 그리고 맨 윗부분이 청중 설득을 목적으로 하는 프레젠테이션에 해당된다.

5) 프레젠테이션은 시간이 정해져 있다

몇몇 사람이 모여 서로의 의견을 발표하며 기획·입안을 제시하는 경우도 프레젠테이션에 해당된다. 이러한 협의에는 적게는 30분, 많게는 두 시간 정도의 시간이 걸리며 일반적으로는 한 시간 정도가 소요된다.

전체 협의 시간이 한 시간이라고 하면 당신이 앞에 서서 제안을 설명·설득할 시간은 10분, 길어야 20분에 불과하다.

계약을 따내기 위해 경쟁사들과 함께 벌이는 프레젠테이션에도 시간은 정해져 있다.

단독으로 프레젠테이션을 진행하는 경우라고 해서 시간에 여유가 있는 것은 아니다. 상대방의 스케줄에 따라 시간이 정해지기도 한다.

결국 '프레젠테이션은 무조건 정해진 시간 내에 하는 것'이라는 인식을 확실하게 해두어야 한다. 정해진 시간 내에, 정해진 목적을 달성해야 한다. 아무리 많이 준비했다고 해도 시간 오버는 마이너스 평가를 가져온다.

시간 감각을 키워라. 사내 회의에서 발언할 때 스스로 시간을 정해 1분이면 1분, 2분이면 2분 내에 얘기를 끝내는 식으로 미리 연습해 두자.

 ## 높임말을 바르게 써야 청중이 신뢰한다

　사회생활을 오랫동안 한 사람 중에도 상사나 고객을 대하는 말솜씨가 서툰 경우가 많다. 특히 높임말에서 실수를 많이 하는데, 이런 실수는 자칫 상대방의 마음을 상하게 할 수도 있으므로 정확한 사용법을 익혀야 한다.

　높임말은 상대방에 대한 배려와 성실 정도를 표시하는 것이다. 연령의 차이, 성별의 차이, 지위의 차이 등을 조화롭게 하기 위한 '조화어'이기도 하다. 극단적으로 말해, 높임말을 정확하고 올바르게 사용할 줄 모른다면 사회인으로서 실격이다.

대표적인 높임말 실수

　대부분의 높임말 실수는 주로 지나치게 격식을 차리려 할 때나, 높임말의 바른 사용을 잘 모를 때 일어난다. 조금 아는 것은 아예 모르는 것보다 위험하다!

　이번 페이지를 통해 올바른 높임말 사용법을 확실하게 익히도록 하자.

1) 조직을 대변할 때는 대등해야 한다

최근 국내의 한 인기 스타가 일본 기자들과 인터뷰하는 도중 말실수를 해 빈축을 샀다. '우리나라'를 '저희나라'라고 잘못 호칭했던 것이다.

'우리'나 '저희'는 자기 자신뿐 아니라 자신이 속한 모임 전체를 아울러 가리키는 대명사이다. 따라서 상대가 나보다 윗사람이라고 무조건 '저희'라고 표현하면 안 된다. 내가 포함된 구성원 전체를 개인의 임의대로 낮출 수 없기 때문이다.

상대가 나보다 사회적 지위나 연배가 높아도 자신이 속한 집단을 공식적으로 대표해서 말할 때는 반드시 '우리'라는 표현을 써야 한다.

2) 모르고 쓰는 낮춤말 때문에 비위 상한다

어느새 인사말처럼 쓰이고 있는 '수고하십니다.', '수고하셨습니다.' 그러나 '수고(受:받을 수, 苦:어려울 고)'라는 말은 윗사람이나 신분 차이가 있는 분들에게 삼가야 할 표현이다. 갓 들어온 신입사원이 먼저 퇴근하면서, 예의를 차린답시고 '수고하세요!'라고 인사하는 꼴은 우습기 짝이 없다. 언어예절에 민감한 사람이라면 불쾌할 수밖에.

아랫사람에게는 '수고하십니다.'라는 말을 써도 무방하지만 윗사람에게는 '애쓰십니다.' 또는 '안녕하세요!' 등으로 인사해야 한다. 예의에도 안 맞고 상대방의 비위를 상하게 할 수도 있는 '수고하십니다'를 대체할 수 있는 인사말은 이밖에도 얼마든지 있다. 아래를 참조해 다양한 말로 인사하자.

【 손윗사람에게 인사할 때 】

식사 하셨어요? / 많이 더우시죠? / 힘드시죠.
날씨 좋네요! / 별 일 없으시죠? / 안녕하세요?
먼저 퇴근합니다! / 나중에 뵙죠! / 건강하세요!

3) 회장님 말씀이 계시겠습니다.

사람은 모름지기 스스로 몸을 낮추는 것이 미덕이지만, 까닭 없이 나를 낮추고 터무니없이 남을 치켜세우는 것은 오히려 사람 사이를 벌어지게 하고 궁색하게 만든다.

힘 있는 사람에겐 덮어놓고 굽실거리고 알랑거리는 행태는 과거엔 통했을지 몰라도 현대사회에서는 오히려 마이너스다. 한때 "각하, 시원하시겠습니다."란 말이 입에 오르내린 것이 좋은 보기다. 당시 그 말을 들은 독재자의 기분이 어땠을진 몰라도, 지금 방귀를 뀐 상사에게 "시원하시겠습니다."라고 하면 단번에 미운털이 박힐 것이다. 지나치게 눈치를 보며 과도하게 사용하는 존중어는 조롱하는 말처럼 들리거나 믿음직스럽지 않다. "말씀이 계시겠습니다."도 같은 맥락으로 이해할 수 있다.

'계시다'는 '있다'의 높임말이다. '있다'는 '생물이나 무생물'에 두루 쓰이지만, '계시다'는 반드시 나보다 높은 자리에 있는 '사람'이나 '신적 존재'에게 쓴다. 따라서 '말'은 있지만 '말씀'은 계실 수 없다. 말씀은 '하신다'나 '있으시다'고 해야 어법에 맞는다.

4) 부장님, 사장님께서 오시랍니다.

우리말에는 압존법(壓尊法)이라는, 덜 높임법이 있다. 덜 높임법은 매우 높은 윗사람 앞에서 그보다 덜 높은 윗사람에 대해 조금 낮추어 말하는 것을 뜻한다.

사장님이 당신에게 "가서 김부장 좀 오라고 해."라고 말했다. 어떻게 전달해야 할까?

① "사장님께서 오랍니다."
② "사장님께서 오시랍니다."
③ "사장님께서 오시라십니다."
④ "사장님께서 오라십니다."

이 중 맞는 표현은 무엇일까? 좀 더 쉽게 이해하기 위해 각 문장을 풀어 써보자.

① 사장님께서 오랍니다. ➡ 사장님께서 오라고 합니다.
   사장과 부장 모두를 낮추어 말했으므로 예의에 맞지 않다.

② 사장님께서 오시랍니다. ➡ 사장님께서 오시라고 합니다.
   사장보다 부장을 높였으므로 예의에 맞지 않다.

③ 사장님께서 오시라십니다. ➡ 사장님께서 오시라고 하십니다.
　사장과 부장 모두를 높였다. 얼핏 맞는 말 같지만 그렇지 않다. 사장보다 아랫사람인 부장을 함께 높이면, 사장과 부장을 동등하게 높이는 것이 돼 상대적으로 사장을 낮추는 결과가 된다.

④ 사장님께서 오라십니다. ➡ 사장님께서 오라고 하십니다.
　사장은 부장보다 윗사람이므로 높이고, 부장은 사장보다 낮췄으므로 바른 표현이다.

5) 부장님 '야단' 덕분에 많이 배웠습니다.

　일반적으로 윗사람이 아랫사람을 혼내는 것은 잘 되기를 바라는 마음에서 그러하는 것이다. 그런데 '야단'은 일방적으로 '소리를 높여 마구 꾸짖는 것'이므로 윗사람의 행동을 표현하는 데 적절하지 않다. 어른이 꾸짖고 타이르는 행동에 대해서는 '걱정, 꾸중, 꾸지람' 등의 말을 써야 한다. 위의 말은 "부장님 꾸중(꾸지람) 덕분에 많이 배웠습니다."로 말하는 게 옳다.

6) 절대 빠져서는 안 되는 상가 언어 예절

　많은 사람들이 문상을 가서 어떤 위로의 말을 해야 할지 몰라 망설인다. 문상의 말은 문상객과 상주의 나이, 평소 관계 등 상황에 따라 다양하지만, 고인에게 두 번, 상주에게 한 번 절한 뒤 아무 말도 하지 않고 물러 나오는 것이 예의에 맞다. 상을 당한 사람에게는 어떤 말도 위로가 될 수 없기 때문이다. 굳이 말을 한다면 "삼가 조의를 표합니다.", "얼마나 슬프십니까?" 또는 "뭐라 드릴 말씀이 없습니다." 정도로 인사할 수 있다. 이러한 인사말을 할 때는 큰소리로 하지 않고 뒤를 흐리는 것이 예의이다. 문상 온 사람이 말로써 문상하지 않는 것이 모범이듯이, 문상을 받는 상주 역시 문상객에게 아무 말도 하지 않는 것이 좋다. 굳이 말을 한다면 "고맙습니다." 또는 "드릴(올릴) 말씀이 없습니다." 하고 문상을 와준 사람에게 고마움을 표시하면 충분하다.

상가 관련용어

근 조: 삼가 고인의 명복을 빕니다.
단 자: 부조하는 물건의 목록을 적은 것.
부 고: 사람이 죽음을 알리는 말이나 글.
부 의: 초상 난 집에 도우려고 보내는 돈이나 물건.
선 친: 남에게 대하여 '자기의 돌아간 아버지'를 일컫는 말.
조 문: 조상하는 글. 또는 상주된 사람을 위문함.
조 상: 남의 상사에 대하여 슬픈 뜻을 나타냄.
조 위: 조상과 위문.
조 장: 조문하는 편지.
조 전: 조상하는 뜻을 전하려고 보내는 전보.

실패의 기억은 잊어라!

누구나 실패한다.
그러나 누구나 실패를 통해 배우는 것은 아니다.
열등감, 수치심, 자기 연민에 빠지지 마라.
'나는 안 돼!'의 술독에 빠져 허우적대지 마라.
자기 합리화를 집어치워라.
누가 우리의 능력에 경계선을 그었는가?
청중의 비웃음, 멸시보다 무서운 것은 스스로를 가두는 마음의 벽이다.

프레젠테이션은
어떻게 준비해야 하나

프레젠테이션에는 요행과 임기응변이 통하지 않는다.
오직 철저한 준비로 승부해야 한다.
성공적인 프레젠테이션을 만드는
효율적인 준비 방법에 대해서 설명한다.

01 준비 없이는 성공도 없다

충분한 '준비'가 중요하다는 것은 누구나 안다. 그런데도 소홀히 하게 되는 것이 또 준비이다. '충분히 준비하지 않으면 제대로 진행할 수 없다'고 생각하면서도 좀처럼 엄두를 못내는 사람도 많다.

반면 남보다 많은 업무를 처리하면서도 제때 충실하게 준비해 프레젠테이션에 임하는 사람도 있다.

누가 더 성공에 가까울까? 충분히 준비하는 사람과 그렇지 못한 사람의 차이는 무엇일까?

핵심은 '효율성'이다. 어떻게 준비해야 할지 아는 사람은 바쁜 와중에도 틈을 내어 솜씨 좋게 프레젠테이션을 준비한다. 그러나 무엇을 어떻게 해야 할지 잘 모르는 사람은, 좀처럼 준비에 착수하지 못

용기 (courage)

성공 프레젠테이션은 절벽 너머에 있다. 스스로 쌓은 함정, 알지 못하는 무지의 절벽이 가로막고 있을 뿐이다. 절벽을 뛰어넘을 수 있는 힘은 바로 우리의 가슴 속에 있다. 잠자는 '용기'를 깨워라! 떨어지면 죽으리라는 각오를 하고 절벽을 향해 힘껏 날아올라라!

하고 당황하다 당일이 되어서야 벼락치기로 해치운다.

1) 준비에 게을러지는 두 가지 원인

어느 프로 골퍼가 한 말이다.
"연습이 필요한 사람일수록 연습하지 않는다."
연습이란 준비를 일컫는다. 공감이 가는 말이다.
프레젠테이션을 잘한다고 소문난 사람들은 한 명도 예외 없이 준비에 총력을 기울인다.
"프레젠테이션을 여러 번 해보았습니다만, 생각만큼 잘 되지 않더군요."
이런 말은 제발 하지 말자. 이유는 단 한 가지, 준비를 소홀히 한 탓이다.

① 어떻게 준비해야 할지 방법을 모른다.
② '어떻게든 되겠지.' 하고 대수롭지 않게 여긴다.

이런 이유로 준비에 충실하지 못한다면, 결과는 어떻게 될까?

사례 김소홀 씨는 10년간 엔지니어로 뛴 베테랑 기술자다. 담당 업무 만큼은 누구에게도 뒤지지 않을 자신이 있지만, 말주변이 없다. 항상 어떻게 하면 별 설명 없이 일을 끝낼 수 있을까 고민할 정도다.

어느 날 과장으로부터 '담당 업무의 진행 상태와 문제점'에 대해 다음 부서장 회의에서 발표해 달라는 주문이 왔다. 거절하기 힘든 일이었다. 다음 회의까지는 일주일. 시간도 넉넉해 보였다. 김소홀 씨는 승낙했다.

그러나 김소홀 씨는 일주일 내내 거의 준비를 하지 못했다. 마음속으로 '오랫동안 해오던 일이잖아. 아는 만큼 하면 되겠지.' 하고 안일하게 생각한 것이다.

결과는 참담했다. 김소홀 씨의 프레젠테이션은 최악이었다. 내용이 정리되지 않아 줄곧 횡설수설이었다. 주어진 15분도 다 못 채우고 발표가 끝나버렸다. 김소홀 씨 자신도 자기가 무슨 소리를 하는지 모를 정도였다.

회의가 끝난 뒤 과장이 굳은 표정으로 다가왔다.

"준비는 제대로 한 건가?"

김소홀 씨는 고개만 푹 숙였다.

교섭이론(교섭·절충·거래 등에 관한 이론)의 대가인 후지타 타다시 박사의 다음과 같은 말은 프레젠테이션에도 그대로 적용된다.

**준비 없이
교섭에 들어가면
결코 주도권을 쥘 수 없다**

<small>Key point</small> 상대에게 주도권을 빼앗겨서는 목적도 목표도 달성할 수 없다. 프레젠터는 발표하는 동안만큼은 중심에 서야 한다. 청중을 완전히 장악해야 한다. 이를 위해서는 철저한 준비밖에 없다.

"준비하지 않았군요."

이만큼 송곳 같은 질책도 없다.

충분히 시간을 할애해 준비할 자신이 없다면 프레젠테이션을 수락하지 않는 게 원칙이다. 그러나 어디서나 프레젠테이션이 필수적인 오늘날에는 모자란 시간을 핑계로 프레젠테이션을 거부할 수 없다.

'효율적으로 준비하는 방법'을 시급히 익혀야 한다. 이는 앞으로 2~4장에 걸쳐 상세하게 다룰 것이다.

2) 자신감은 준비에 비례한다

프레젠테이션에서 주도권을 잡지 못하면 실패한다. 준비를 한 만큼 청중에 대한 장악력도 커진다. '준비'가 가져오는 효과는 구체적으로 무엇이 있을까?

① 긴장감이 줄어든다

청중 앞에 선 프레젠터를 가장 두렵게 하는 것은 '긴장감'이다. 때론 긴장감이 지나쳐 프레젠테이션 현장에서 도망치고 싶은 생각마저 든다. 많은 사람들이 "남 앞에만 서면 너무 긴장돼서 미치겠다."고 토로한다.

준비는 긴장감을 덜어주는 가장 효과적인 명약이다.

충분히 준비하고 몇 번이고 예행연습을 하면 자신감이 차오르는 것이 느껴진다. 프레젠테이션 전체의 윤곽도 머릿속에 그려진다. 연습을 거듭할수록 자신감이 커지고, 자신감이 커질수록 두려움은 줄어든다.

준비를 충분히 하면 승리를 예감케 하는 기분 좋은 긴장감만 남는다.

※ '6장 Q1. 지나치게 긴장되고 떨려요' 참조

② 시간에 대한 순발력이 생긴다

프레젠테이션은 정해진 시간 내에 끝내야 한다. 그러나 주어진 시간 내에 모든 이야기를 다 한다는 것은 말처럼 쉬운 일이 아니다. 게다가 준비가 불충분한 상태에서는 시간 예측이 힘들어 조급한 마음에 실수를 연발하게 된다.

한정된 시간 내에 기승전결에 따라 내용을 전달하는 능력은 프레젠터 최고의 기술이다. 오직 준비와 경험을 통해서만 가능하다.

③ 프레젠테이션이 간결해진다

내용을 꼼꼼하게 살펴보고 다듬어 불필요한 부분을 없애고 핵심적인 사항으로 범위를 좁혀간다. 표현도 가장 적절한 단어로 교체하고 간결하게 다듬는다. 사족이 없는 프레젠테이션은 쓸데없이 옆길로 새거나 순간적인 착상이 보태져 늘어지는 일을 방지한다.

④ 청중의 수요(Needs)에 맞는 발표를 할 수 있다

청중(클라이언트)에 관한 정보를 사전에 수집하면 프레젠테이션의 방향이 올바로 잡힌다. 청중이 원하는 것이 무엇인지, 가려운 데가 어디인지를 정확히 알아야 정곡을 찌르는 제안이 나온다. 상대방에 대한 사전 파악을 무시하거나 대강 짐작한 것으로 만족하면 프레젠테이션은 일방적인 제안에 그친다. 성공 가능성? 매우 희박하다.

⑤ 재치 있는 임기응변으로 완전 무장할 수 있다

꼼꼼하게 준비했어도 막상 그 자리에 섰을 때 다음과 같은 상황이 발생하면 당황하기 쉽다.
- 참가 멤버가 바뀌었다
- 장소가 더 넓어졌거나 좁아졌다
- 시간이 변동됐다
- 클라이언트의 관심(Needs)이 미묘하게 변했다
- 청중의 반응이 기대보다 소극적이다

수 년의 준비, 한 번의 프레젠테이션

스티브 잡스는 감동을 주는 프레젠터이다. 그가 최고의 프레젠터로 이름을 알릴 수 있었던 것은 그의 준비 때문이다. 그는 한 번의 프레젠테이션을 위해 모든 것을 준비한다. 제품의 디자인, 성능, 사용 편의성, 완성도를 최대한 끌어올린다.

그런 후에 다시 프레젠테이션을 위해 완벽해질 때까지 행동, 말투, 시연 순서, 말하고자 하는 주제에 대해 계속해서 모니터하고 조금이라도 마음에 들지 않으면 다시 고쳤다. 수백 번의 반복 끝에 단 한 번의 프레젠테이션을 완성시키는 것이다. 그에게 추종자들이 생긴 이유이다.

"물은 99도에서 끓지 않는다. 100도가 되어야만 끓는다."

충분히 준비하면 예측한 프레젠테이션과 어긋날 때에도 능숙하게 대처할 수 있다. 전체를 완전히 이해하면, 변화에 적응하는 일이 어렵지 않다. 원곡을 완전히 이해하면 얼마든지 개성 있는 변주가 가능한 것과 같은 이치다.

착실하게 준비한 사람은 돌발 상황에서 더욱 빛난다.

 듣는 사람이 누구인가에 따라 달리 말하라

사람에 따라 말하는 법을 달리해야 한다. 석가모니도 설법을 하면서 듣는 이에 따라 그 방법을 달리했다. 농부에게는 농부의 말이 쉬운 언어이고, 지식인에게는 지식인의 논리가 설득하기 쉽다.

농부를 설득시킨 마부 -회남자(淮南子)

공자가 각 제후국을 돌아볼 때였다. 어느 날 그의 말이 뛰쳐나가 어느 농부의 밭을 망치고 말았다. 화가 난 농부는 말을 끌고 가버렸다. 공자는 제자 중 가장 언변이 뛰어난 자공을 보내 말을 돌려달라고 설득하게 했다. 자공은 농부에게 예의를 차려 사정을 고했지만 말을 돌려받지는 못했다.
공자가 말했다.
"알아듣지 못하는 이치로 설득하는 것은 성스러운 제사 음식을 들짐승에게 먹이고 새에게 아름다운 음악을 들려주는 것과 다를 바 없지. 그러니 무슨 쓸모가 있겠느냐?"
공자는 이번엔 마부를 시켜 말을 돌려받으라고 했다. 마부가 농부에게 가서 말했다.
"당신의 논밭은 동해 끝에서 서해 끝까지 넓소. 더욱이 당신이 경작한 곡식은 내가 이제껏 보아온 것 중 가장 잘 여물었소. 그러니 달아난 말이 어찌 당신의 곡식을 안 뜯어먹을 수가 있겠소! 망친 밭을 보상할 터이니 말은 풀어주시오."
농부는 그 말을 듣고 허허 웃으며 말을 돌려주었다.

마부는 글을 배우지 못했지만 말로 농부를 설득시켰다. 사람에 따라 달리 말하는 것이 얼마나 중요한지 알 수 있는 사례이다. 사람에 따라 다양한 방식으로 말할 수 있으려면 그만큼 사람에 대한 이해가 넓고 깊어야 한다.

이와 관련된 일화를 하나 더 소개한다.

아이큐가 85

아인슈타인이 유명하지 않을 때 일이다. 돈이 부족했던 그는 늘 다른 사람과 함께 방을 임대했다. 어느 날 새로 들어온 네 사람과 함께 셋집에 들게 되었다. 그들은 각자 자기소개를 했다.
"당신을 만나서 기쁩니다."
네 사람 중 첫 번째 사람이 말했다.
"말이 나온 김에 알려드립니다만, 제 아이큐는 180입니다."
아인슈타인이 말했다.
"참 좋으시군요. 우리는 함께 양자 물리를 토론할 수 있겠습니다."
"제 아이큐는 159인데요."
두 번째 사람이 자기소개를 했다.
"훌륭합니다. 우리는 함께 최신 수학 이론을 토론할 수 있겠습니다."
세 번째 사람이 말했다.
"제 아이큐는 132입니다."
"아주 기쁘군요. 우리는 현재의 공예 수준을 토론할 수 있습니다. 당신을 만나게 된 것을 행운으로 생각합니다."
네 번째 사람이 말했다.
"저는요, 저는 아이큐가 85밖에 안 됩니다."
"더할 나위 없이 좋습니다."
아인슈타인은 이 사람의 손을 잡고 말했다.
"제게 알려주십시오. 어떻게 해야 화목한 가정을 꾸릴 수 있을까요?"

Albert Einstein, 1879~1955
아인슈타인은 아카데미즘의 오만함을 혐오하고 인간의 독립적인 사고와 자유를 소중하게 여겼다.

02 상대는 무엇을 원하는가?

업무를 진행하기 위해 우리는 여러 사람들과 다양한 대화를 나눈다. 그저 수다를 떠는 경우도 있지만 대부분의 경우 분명한 목적이 있다. 대화의 목적은 다음과 같다.

- 인사한다
- 지시한다
- 보고한다
- 설명한다
- 설득한다
- 친목을 도모한다
- 즐거움과 감동을 준다

대화의 효과를 높이려면 목적을 명확히 의식해야 한다.

1) 커뮤니케이션의 목적

커뮤니케이션에는 목적이 있다. 상대방의 목적을 오해할 경우 소통은 이루어지지 않는다.

예를 들어 단순히 이야기를 나누고 싶어하는 상대에게 무조건 설득하려 든다거나, 설명을 요구하는 상대에게 그것은 어쩔 수 없는 일

커뮤니케이션의 목적과 기능

구분 내용	목적	방법
관계를 맺는다	대인 관계를 원활하게 하다	인사 소개 대화
정보를 전한다	알린다, 이해하게 한다	보고 설명
마음을 움직인다	납득·공감을 통해 행동을 일으킨다	설명 역설·설득 충고
느끼게 한다	이야기를 통해 감정에 호소한다	감동적인 이야기

이었다는 등의 감상을 늘어놓는 것은 대화를 나눈다고 하기가 힘들다.

대화의 목적은 무엇인가?

프레젠테이션의 효과를 높이려면 목적을 요약하는 습관을 갖자.

프레젠테이션은 '제안형 설득'이다. 프레젠테이션의 목적은 청중이 이해·공감하여 고개를 끄덕이게 하는 것이다.

그렇다고 프레젠테이션이 곧 '설득'이라고 이해해서는 안 된다. 다음의 경우는 프레젠테이션의 범위에 들어가지만 직접적인 설득이 목적은 아니다.

- **설 명 회** ― 내용에 대한 설명이 중심. '알게 한다'가 주목적
- **보 고 회** ― 각 사업장의 월간 실적 보고 등 '알린다'가 주목적
- **사전협의** ― 자기소개, 오리엔테이션 등 '관계를 만든다'가 주목적

프레젠테이션을 준비할 때는 커뮤니케이션의 목적과 기능의 관계를 충분히 파악하도록 하자.

2) 욕구(Needs)를 파악하기 위한 사전 준비

프레젠테이션에서는 청중이 무엇을 필요로 하는가를 파악하는 데 중점을 두어야 한다. 청중에 관한 정보를 사전에 충분히 수집하

자. 청중이 무엇을 원하는지 알아야 '무엇을 이야기할 것인가'도 자연스럽게 잡힌다.

청중이 어떤 사람들인지, 그들에게 어떻게 이야기해야 이해도가 높아질 것인지 수집한 정보를 통해 분석해 둔다.

청중의 입장·지위·관심사는 모두 제각각이라 공통된 욕구(Needs)를 찾는 것이 쉽지는 않다. 개인차는 어쩔 수 없지만, 최대 공약수로 핵심을 좁히자. 가능하다면 그 자리에서 피드백을 통해 대처한다.

① 청중이 바라는 것

아무리 가치 있는 제안을 한다고 해도 상대방이 원하지 않으면 아무런 소용이 없다. 가치 기준은 개인과 조직에 따라 다르다. 하지만 타인에게 무언가를 제안할 때는 적어도 누구나 인정할 수 있는 객관성·보편성을 반드시 갖추어야 한다.

사례 어느 대형마트에서의 일이다. 놋쇠로 만든 구두 주걱이 진열되어 있었다. 손에 들어 보니 상당히 묵직했다. 구두 주걱으로서의 역할을 하지 못하는 제품이었다.

점원은 열심히 추천의 말을 늘어놓고 있었다.

"이 제품을 손님의 현관에 장식해 보십시오! 고급스러운 유럽풍 분위기가 연출될 것입니다. 조금 무겁긴 하지만 구두 주걱을 오랫동안 들고 있을 일은 없지 않습니까? 이쯤이야 뭐 문제될 게 없지요."

'조금 무거운 정도가 아닌데.' 나는 쓴웃음을 지으며 자리를 떠났다.

상대가 원하는 바를 헤아려 그 기대에 부응하는 제안을 하라. 그러면 수용될 가능성이 높다.

사례 전자상가에 카메라를 사러 갔을 때의 일이다. 최신 기종이 화려하게 진열된 가게 분위기에 압도되어 하나하나 살펴보고 있었다. 점원이 두리번거리던 어느 한 남자에게 다가갔다.
"손님, 카메라를 보고 계시는군요. 어디에 사용하실 겁니까?"
"우리 아이의 운동회를 찍으려고요."
"그럼 거리가 좀 먼 곳에서도 자제 분을 촬영할 수 있어야겠군요. 그럼 이 회사의 제품을 추천해 드리고 싶습니다. 조작도 간단하고 줌 기능이 뛰어나죠."
10분도 안 돼 그 점원은 판매에 멋지게 성공했다.

전자상가 점원은 상대방이 원하는 것을 알아내는 능숙한 질문으로 판매에 성공한 것이다.

② 공통점을 찾아라
청중 개개인이 바라는 것은 모두 조금씩 다르다. 구성원 모두가 해당되는 공통점을 찾아 그에 적합하게 주제를 잡자.

사례 어느 지방 도시의 상공회의소에서 열린 젊은 경영인들의 모임에 강연을 부탁받았다. 20대부터 40대 중반에 걸친 연령대의 사람들이 50여 명 모인 자리였다. 모두들 불황을 극복하고자 고군분투 중이었다.

3대째 국수 가게를 운영하는 젊은 사장은 지방 경영자들에게 컴퓨터를 교육시키고 소프트웨어를 제작하는 새로운 사업을 구상하고 있었다. 어느 경영자는 벌여놓은 사업이 안 되자 다시 본업으로 돌아왔고, 어느 사업자는 많지도 않은 사원을 다시 해고해야 할 입장이었다.

기업 규모는 제각각이었지만 공통점이 하나 있었다. 모두들 활력이 없다는 것이었다.

"어려운 시기라서 무언가 활력을 불어넣어 줄 수 있는 커뮤니케이션에 대해 강의해 줬으면 좋겠습니다."

이것이 주최 측의 요구 사항이었다.

질문을 몇 가지 해 좀 더 자세히 알아보니, 상공회 회원 기업 중에 최근 몇 년 사이 도산한 곳이 꽤 많았다. 버티는 것 자체가 괴롭다며 모두 아우성을 치는 상황이었다.

나는 역경과 싸워 이긴 경영자의 사례부터 시작하여 경영 마인드의 확대, 사업 안목의 다변화 등을 커뮤니케이션의 측면에서 설명했다.

다람쥐는 땅콩을 좋아한다!

상대가 무엇을 원하는지 파악하라. 땅콩으로 사자를 유인할 수는 없다. 청중에겐 원하는 바가 있다. 결정권을 가진 한 명을 설득해야 하는 자리인가? 아니면 다수의 경쟁을 유발해야 하는 자리인가? 실수요에 대한 정확한 예측과 판단을 거쳐 미끼를 던져라!

프레젠테이션이 끝난 뒤 참석자들과 함께 식사를 하게 되었다. 몇몇 사람들이 "큰돈을 벌지는 못해도 살아남을 수 있을 것 같습니다." 하고 소감을 전했다. 책임을 다했다 싶어 안도의 한숨이 나왔다.

대화를 통해 욕구(Needs)를 파악하는 법은 '3장 3. 정보 수집을 위한 커뮤니케이션 기술'에서 자세히 설명하겠다.

③ 목표를 설정한다

상대의 욕구(Needs)를 명확히 파악하려는 이유는 무엇인가?

프레젠터의 제안을 수용하도록 만들기 위해서다. 바꿔 말해 청중에게 꼭 필요한 것을 제안하거나, 제안한 바가 청중에게 꼭 필요한 것이 되도록 하기 위해서다.

프레젠테이션의 목적은 ① 상대방이 문제를 자각하게 하고 ② 해결책을 제시하는 것이다. 그리고 ③ 청중으로 하여금 행동하게 하는 것이 궁극적인 목표다.

프레젠테이션의 목적과 목표의 관계는 다음과 같이 생각하면 이해가 빠르다.

- 목적 — 제안이 수용된다. 즉 '설득'
- 목표 — 프레젠테이션을 통해 달성하고 싶은 것

어느 기업에 '사원 연수'를 제안한다고 하자.

이 기업은 규모가 확대됨에 따라 사원 간에 트러블이 늘고 있었다. 이 문제를 해결하기 위해 커뮤니케이션 연수를 실시하고자 하는 것이다.

이때의 목표는 무엇일까?

바로 '사원들이 자발적으로 커뮤니케이션을 하게 되는 것'이다.

임기응변의 진수 2
- 침대 위의 금룡

중화민국 초대 대통령이었던 원세개(袁世凱)가 어느 날 낮잠을 자고 있었다.

한 시녀가 인삼탕을 들고 들어왔다. 원세개가 잠에서 깨어나면 마시게 할 생각이었다. 그런데 실수로 그만 인삼탕을 담은 옥그릇을 떨어뜨리고 말았다. 시녀는 공포에 질려 몸을 떨었다. 그 그릇은 원세개가 조선 왕실에서 얻은 희귀한 보배였기 때문이다. 잠에서 깨어난 원세개는 옥그릇이 산산조각 난 것을 보고 성이 나서 얼굴이 새파랗게 되었다.

"이년! 네가 죽고 싶어 환장을 했구나!"

시녀가 울면서 말했다.

"제 잘못이 아닙니다. 하지만 감히 말씀드리지 못하겠습니다."

"무슨 허튼소리를 하려는 거냐?"

"소인이 인삼탕을 들고 들어왔을 때 침대 위에 누워 있던 것은 총통이 아니었습니다."

원세개가 성을 벌컥 냈다.

"이 몹쓸 년, 침대 위에 누운 게 내가 아니면 누구였단 말이냐?"

시녀는 더욱 크게 울면서 말했다.

"소인은 감히 말씀드리지 못하겠습니다. 정말이지 너무나 무서웠습니다."

원세개가 자리에서 벌떡 일어나 소리쳤다.

"말하지 않으면 즉시 죽여버리겠다."

시녀는 황급히 무릎을 꿇고 말했다.

"말씀 드리겠습니다. 침대 위에 누워 있던 것은 발이 다섯 개 달린 금룡(金龍)이었습니다."

시녀의 말에 분노로 끓었던 원세개의 마음이 금세 흐뭇해졌다. 그는 이것이 필시 하늘의 뜻이라고 여겼다. 자기가 용의 모습으로 화했으니 황제의 꿈도 실현될 수 있으리라 믿은 것이다. 그는 희색이 만면해 시녀에게 큰 상을 내렸다.

원세개가 자신의 황제국을 건국하려는 야망을 품고 있음을 시녀는 알고 있었다. 덕분에 위급한 순간, 시녀는 원세개의 허영심을 충족시키는 거짓말로 위기를 모면하고 상까지 받았다.

청중이 가장 원하는 것이 무엇인지 생각을 집중하라. 상대방의 마음, 니즈(Needs)를 꿰뚫고 있으면 어떤 상황이 닥쳐도 두려울 게 없다.

03 청중의 경향을 분석하라

누가 프레젠테이션을 듣는가? 사전에 준비해야 할 두 번째 항목이다. 정보를 수집해 청중의 본질과 특성을 파악한다.

1) 이야기에는 대상이 있다

모든 커뮤니케이션에는 '대상'이 있다.

너무 당연한 소리라고? 하지만 잘 생각해 보라.

당신이 얘기하는 동안 상대방을 얼마나 고려했는지, 때로 상대방을 벽처럼 세워놓고 혼자 떠들어대진 않았는지.

대화를 할 땐 반드시 '이야기를 나누어야 할' 상대가 있다는 것을 절대 잊어선 안 된다. 들어줄 사람을 고려하지 않으면 프레젠테이션은 성립되지 않는다.

2) 성패는 청중이 결정한다

당신이 이야기하는 것을 어떻게 해석하고, 어떻게 받아들일지를 결정하는 것은 전적으로 청중의 몫이다. 같은 내용의 프레젠테이션이라도 청중에 따라 받아들이는 정도는 다 다르다.

함께 연수를 받았어도 어떤 사람은 '하루만으로는 시간이 짧다. 이틀 정도는 했으면 좋겠다.' 하며 아쉬워하지만 또 어떤 사람은 '하루 종일 한다는 건 문제다. 핵심만 추려서 반나절 동안만 했으면 좋겠다.'라고 앙케트에 적는다.

'짧다'는 사람은 연수의 필요성을 강하게 느낀 사람이고 '길다'는 사람은 연수가 필요 없다고 생각하든가 아주 바쁜 사람이다. 같은 내용이라도 참석자의 사정에 따라 전혀 다르게 받아들이는 것이다. 효과는 청중이 결정한다.

【청중과 프레젠테이션】
- **청중의 욕구**(Needs) **파악** : 프레젠테이션의 내용이 결정된다
- **청중의 성향 파악** : 프레젠테이션의 구성이 결정된다
- **청중의 목적 파악** : 프레젠테이션의 주제가 결정된다

"왜 말귀를 못 알아먹니?" 하고 화내는 사람들이 종종 있다. 상대방이 모자라 말을 이해하지 못한 게 아니라, 말하는 쪽이 모자라 이해하기 힘들게 이야기한 탓이다. 그야말로 적반하장이다.

자신의 이야기가 상대방에게 그대로 전해질 것이라 믿어선 안 된다. 더욱이 전달한 내용이 100% 수용되기를 기대하지 말라. 원고가 충실하고 발표도 무난했으니 대성공이다? 청중의 입장에서는 말이 빠르고 외래어와 전문어가 많아서 전혀 이해하지 못했다는 반응을 보일지도 모른다. 그렇다고 '이번 청중은 수준이 낮아서', '상대방의 머리가 나빠서' 등등의 이유로 청중을 비난해야 할까?

예상과 달리 반응이 나쁘다고 해서 상대방을 탓한다면 프레젠테이션 능력은 향상되지 않는다. 청중의 결정에 불평하지 말라. 문제는 당신의 준비이다. 청중에 대해 정확하게 분석하고, 청중이 어떻게 받아들일지 예상해 어떻게 대처할 것인가를 생각해야 한다.

3) 청중의 특성

프레젠테이션은 대개 날짜, 주제, 청중 등이 사전에 정해진다.
청중을 다음 두 가지 기준으로 나누어 분석과 대응을 검토한다.

- **특성** — 특정 계층이 공통적으로 보이는 경향
- **본질** — 청중 모두가 보이는 일반적인 경향

청중의 수준에 맞춰라!

할머니는 정확한 발음으로 또박또박 동화책을 읽는다. 아이들이 지루해질세라 늦추는가 싶게 빠르게 당기고, 자장자장 소곤거리다가 성큼성큼 그르렁거린다. 어려운 말은 피하고 쉽게 말한다. 청중의 수준과 관심사를 노려 교훈을 담는다. 아이들은 이제 착한 어린이가 되겠다고 다짐한다! 할머니는 '위대한 프레젠터'이다!

'연령이 높은가/연령이 낮은가'가 '특성'의 한 예이다. 또한 각각의 계층의 생활 배경, 흥미, 관심사를 조사하여 청중의 경험 영역으로 사고를 좁혀 상상력을 발휘해야 한다. 상상력을 발휘하여 코드에 접속하자.

특성을 둘러싼 화자와 청중의 관계를 그림으로 나타내면 다음과 같다.

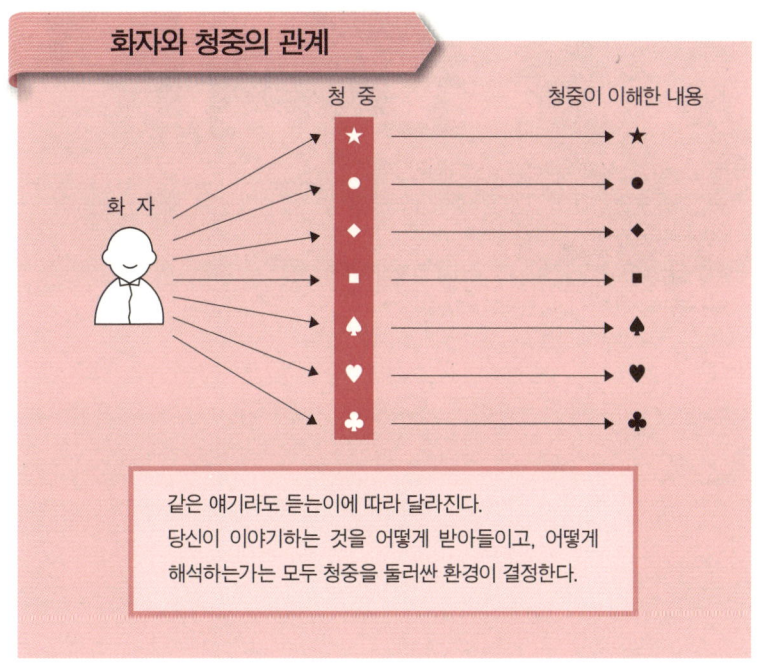

청중은 아기와 같다

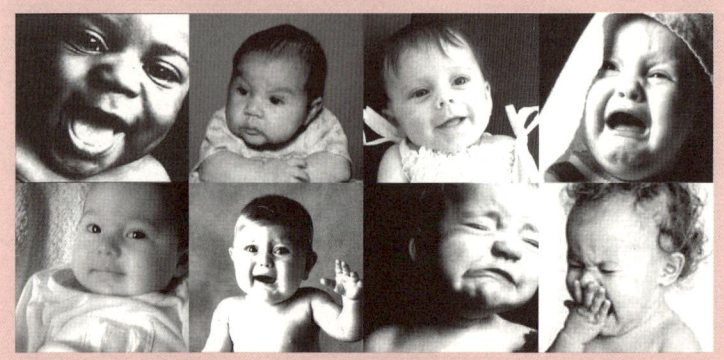

아기는 원하는 대로 되지 않으면 울음을 터뜨린다.
배가 고파 우는 것인지, 기저귀가 젖어 우는 것인지,
추워서 우는 것인지, 심심해서 우는 것인지,
울음이 터지는 순간 원하는 게 무언지 정확히 알아야 한다.
모든 불만이 해결되고 불편함이 없을 때
아기는 천사 같은 얼굴로 우리를 기쁘게 해준다.

4) 청중의 네 가지 본질

청중에게는 일률적으로 보이는 경향이 있다. 다소의 개인차는 있어도 일반적인 공통점이므로 이에 따라 대책을 세워야 한다.
청중의 본질은 크게 네 가지로 나눌 수 있다.

① 금방 싫증낸다
② 외부 환경에 쉽게 지배당한다
③ 친근감과 경계심을 동시에 지니고 있다
④ 마음이 쉽게 변한다

각각에 맞는 대처방법은 다음의 표를 참고하기 바란다.

청중의 본질과 대처법

금방 싫증낸다	• 결론부터 이야기한다 • 간결하게 이야기한다 • 설명은 구체적으로 한다
외부 환경에 쉽게 지배당한다	• 잡음, 사람들의 출입 등이 적은 장소를 선택한다 • 상황 변화에 따른 대처방안에 주의한다
친근감과 경계심을 동시에 지니고 있다	• 첫인사는 밝고 경쾌하게 한다 • 솔직한 태도로 이야기한다 • 처음에 장점부터 이야기한다
마음이 쉽게 변한다	• 사전에 분위기를 파악해 둔다 • 이야기할 직후 청중의 반응을 살핀다 • 이야기 도중에도 심적 변화를 계속해서 관찰한다

 ## 상대방에 따라 전략을 바꿔라

　1954년 당시 중국의 총리였던 주은래(周恩來, 1898-1976)가 제네바 국제회의에 참석했을 때의 일이다. 중국 대표단은 해외에 중국의 문화를 알리고자 외국 기자들을 대상으로 중국 영화 감상회를 마련했다. 상영작은 두 남녀의 비극적 사랑 이야기를 경극 형식으로 담은 〈양산백과 축영대〉였다. 영화에 대한 이해를 높이기 위해 수행원들은 16쪽에 달하는 설명서를 만들었다. 그러나 설명서를 본 주은래는 수행원들을 꾸짖었다.

　"이건 소귀에 경 읽기네. 영화를 보러 오는 사람들을 전혀 고려하지 않았단 말이야."

　그리고 이렇게 말했다.

　"초청장에 한 구절만 쓰게. '예술 영화 〈중국의 로미오와 줄리엣〉을 감상하시기 바랍니다.' 이렇게 말일세."

　과연 수정된 안내문은 외국인들로부터 높은 평가를 받았다.

　같은 얘기라도 상대가 누구인가에 따라 접근하는 방식이 달라야 한다. 연령, 학력, 지위, 지역, 성별 등등을 고려해 전략을 세워라. 관심영역 밖에서는 아무리 소란스럽게 떠들어대도 듣지 않는다.

양축 이야기

두 불운한 연인의 비극적 사랑을 다룬 중국의 유명한 설화로, 현재까지도 많은 사랑을 받고 있다.

아름답고 총명한 축영대(祝英台)란 소녀가 있었다. 부잣집 외동딸이었던 그녀는 남장을 하고 항주의 학당에 들어간다. 그곳에서 가난하지만 기개 있는 청년 양산백(梁山伯)과 의형제를 맺는다. 서로에 대한 속사랑이 무르익을 무렵, 축영대는 아버지의 강압에 못 이겨 집으로 돌아간다. 뒤늦게 축영대가 여자라는 사실을 알게 된 양산백이 청혼하러 찾아오지만 축의 집안에서는 이미 다른 집안과 혼인을 정해놓고 있었다. 좌절한 양산백은 시름시름 앓다 죽고, 축영대 역시 뒤를 따라 이승을 등진다. 두 사람은 한 쌍의 나비가 되어 하늘에서 맺어진다.

서극 1995년 作 〈양축〉 한 장면

프랑코 제페렐리 1968년 作 〈로미오와 줄리엣〉

바라보는 시각을 바꿔라

1 1917년 러시아의 10월 혁명이 성공했을 때, 차르 황제에게 원한을 품은 수많은 사람들이 황제의 궁전을 불사를 것을 요구했다. 지도부에서 성난 군중을 달래려 애썼지만 수그러들지 않았다. 결국 레닌이 직접 사람들 앞에 나섰다.

레 닌 : 소원대로 궁전을 불살라도 됩니다. 그런데 그 전에 몇 마디 여쭤 봐도 되겠습니까?

군 중 : 아무렴요!

레 닌 : 차르 황제의 궁전은 누가 지은 것입니까?

군 중 : 우리가 지었습니다!

레 닌 : 우리 손으로 지은 궁전에 차르 황제가 살지 않고 여러분들의 대표가 들어가면 더 좋지 않을까요?

군 중 : 좋습니다!

레 닌 : 그럼 이 궁전을 불살라야 되겠습니까?

군 중 : 아닙니다, 불사르지 맙시다!

극도로 치달은 감정은 생각을 경직시킨다. 문제와 거리를 두자. 감정을 가라앉히면 생각이 유연해져 극단을 피할 수 있다.

사람들이 궁전을 불태우려고 했던 것은 그것을 권력의 상징으로 보았기 때문이다. 그러나 레닌은 단 몇 마디 말로 역사 깊은 유물을 차르 황제의 것이 아닌 민중의 소유물로 만들었다. 다음의 유명한 일화도 시각의 변화가 불러오는 효과를 잘 보여준다.

2 옛날에 두 아들을 둔 한 할머니가 살았다. 이 할머니는 언제나 수심에 잠겨 있었다. 하루는 이웃이 그 이유를 물었다. 할머니는 한숨을 쉬며 이렇게 말했다.

"내게는 우산 장수인 큰아들과 짚신 장수인 작은아들이 있다오. 그런데 햇볕이 나는 날에는 큰아들이 장사가 안 되고, 비가 오는 날에는 작은아들이 장사를 망치니, 내가 하루라도 마음 편할 날이 있겠소? 그저 해가 떠도 걱정, 비가 와도 걱정뿐인 게 내 신세라오."

그러자 이웃이 말하였다.

"그런 걸 가지고 뭘 그리 걱정하세요? 이제부터는 햇볕이 나면 짚신 파는 둘째 아드님 장사가 잘될 것을 기뻐하시고, 비가 오면 우산 파는 큰 아드님 장사가 잘될 것을 기뻐하십시오."

듣고 보니 과연 그러하였다. 그날부터 할머니는 해가 떠서 즐겁고, 비가 와도 그저 신이 날 뿐이었다.

04 프레젠테이션은 어떻게 짜일까?

세 번째 준비 항목은 '내용의 구성'이다.

일상적인 대화에서는 생각나는 대로, 그때그때 떠오르는 화제 사이를 자유롭게 옮겨 다녀도 상관없다. 오히려 그러는 편이 더욱 즐겁고 흥이 난다.

그러나 프레젠테이션과 같이 다수를 상대로 혼자 이야기하는 경우엔는 다음의 사항이 요구된다.

- 일관될 것
- 요약되어 있을 것
- 순서를 따를 것

그럼 이야기의 내용은 어떻게 구성하면 좋을까?
구성은 크게 두 가지 방법으로 나눌 수 있다.

- 가장 기본적인 '다섯 가지 포인트'
- 3부 구성

1) 기본적인 구성 방법 – 다섯 가지 포인트

짧은 스피치를 하거나 프레젠테이션을 할 때 다음의 다섯 가지 포인트를 따라 정리하면 편리하다.

① 화제를 결정한다

'화제'란 이야기할 내용이다. 일단 무엇에 대해서 프레젠테이션을 할 것인가를 정하라. 막연히 '업무의 효율화를 제안하겠다'는 식이어선 안 된다. '구체적으로 어떤 업무를 어떤 방법으로 효율성을 증대시킬 것인지'를 정해야 한다.

현재 진행되는 회의 시간을 절반으로 줄이자고 제안하고 싶다. 이럴 때 화제는 '효율적인 업무 진행을 위해 회의 시간을 반으로 줄인다'가 된다.

프레젠테이션의 경우 클라이언트 혹은 상사로부터 화제가 제시되는 경우가 대부분이지만, 스스로 결정하는 경우도 있다. 어느 쪽이

든 '무엇에 대한 어떤 제안'인지 명확하게 한다.

② 주제를 한 줄로 표현한다

주제란 프레젠테이션을 통해 '말하고 싶은 것'이다. 무엇을 말하고 싶은 것인지를 한 줄로 적어 본다. 20자 이내의 짧은 문장으로 적어 둔다.

핵심 주제를 축으로 삼으면 프레젠테이션을 구성하기 쉬워진다. 주제가 확실하게 파악되지 않으면 이야기 전체가 모호해진다.

회의를 줄이자고 제안할 때는 '현재 회의 시간의 반은 낭비이다'를 주제로 삼는다.

배경 설명이나 현재 상황에 대한 설명에 치우쳐 '무엇을 말하고 싶은가'를 놓치게 되는 프레젠테이션이 의외로 많다. 주제를 놓치지 마라! 이를 위해 준비 단계에서 주제를 '한 줄 문장'으로 꼭 적어 두자.

사례 공공 체육관 앞의 산책로에서 정기적으로 마라톤을 하는 한 남자가 있었다. 어느 날 아침 체육관의 행사 때문에 산책로가 객석으로 꾸며졌다. 남자는 화를 내며 이렇게 말했다.

"당일이 되어서야 그런 말을 하시면 어떡합니까? 알았으면 다른 날 왔을 거 아녜요. 1, 2개월간의 일정을 적은 캘린더를 만들어 배부하면 될 것을……."

남자가 돌아간 뒤, 접수 담당 여직원은 체육관의 일정 캘린더를 제작하자고 상사에게 제안했다.

그 남자가 다시 왔을 때, 여직원이 준비된 캘린더를 전달했다. 남자는 매우 고마워했다.

캘린더는 다른 체육관 이용자들에게서도 좋은 반응을 얻었다. 그녀는 기뻤다. 상사는 보다 중요한 일을 그녀에게 맡기기 시작했다.

이용자의 불평을 겸허히 받아들이자. 우리가 미처 깨닫지 못한 점을 알려준다고 생각하면 '불평'은 훌륭한 '조언'이 된다. 불평 덕분에 그녀는 사람들을 기쁘게 하고 상사의 신뢰를 얻었다. 새로운 제안을 할 수 있었기 때문이다.

위 이야기의 주제는 무엇인가? 한 문장으로 적어보자.

[주제]

③ 정보를 모으고, 정리한 뒤, 순서를 매긴다

정보는 '주제'와 관련하여 수집하는 것이 기본이다.

- 단어의 정의
- 근거가 되는 실제 사례
- 통계 자료
- 증언·학설·기존의 이론
- 격언·에피소드

대강의 정보가 모이면 정리를 시작한다.

같은 종류의 것, 비슷한 것으로 분류하여 몇 개의 파일을 만든다. 이 단계에서 다시 한 번 부족한 정보가 무엇인지 확인한다.

마지막으로 파일에 순서를 매기고 관련성을 짚어 본다.

- 현 상황에 대한 공정한 평가·분석이 이루어졌는가?
- 문제의 원인을 정확히 짚었나?
- 다양하고 현실성이 높은 대책 방안을 제시했는가?

'현상 파악 → 원인 분석 → 대책 마련'을 실마리로 순서·배열에 대해 궁리한다.

④ **탄력을 붙인다**

강조 항목은 어디인가, 어디가 제안 내용의 핵심인가를 확실히 파악해 둔다. 핵심은 아무리 강조해도 모자람이 없다. 강조 방법으로는 다음 세 가지가 있다.

- 반복 — 되새긴다. 같은 표현으로 반복하기보단 조금씩 바꾸어 본다
- 대비 — 산의 높이를 강조하려면 계곡의 깊이와 비교한다
- 확대 — 강조 항목을 크게 클로즈업한다

⑤ **머리말과 맺음말**

어떻게 이야기를 시작할 것인가, 무슨 말로 결론지을 것인가 하는 것을 준비 단계에서 미리 구상해 두자.

만약 실제 프레젠테이션을 하다가 더 좋은 것이 떠올랐을 때는 그 자리에서 바꿔도 무방하다.

시간이 짧고 내용이 간단한 프레젠테이션이라 하더라도 지금까지 설명한 다섯 가지 방법을 따르면 큰 도움이 될 것이다.

프레젠테이션 준비 시트

타이틀(제목)   월 일 요일

❶ 주제는 무엇인가? (한 줄로 명확히 표현)

❷ 주제의 구체화 (주제를 증명할 만한 구체적인 사례의 결정 등)

❸ 정리와 순서 매김 (프레젠테이션의 타임 테이블)

0

1

2

3

❹ 요점의 강조 (어떤 형태로 강조할 것인가)

❺ 머리말과 맺음말

자가진단(반성)

2) 3부 구성

프레젠테이션 구성에서는 전체를 세 부분으로 나누어 내용을 정리하는 '3부 구성'이 가장 일반적이다.

① 서 론
1장에서 설명한 바와 같이 도입부의 역할은 세 가지다.

- 분위기 조성
- 필요성의 환기
- 본론을 예비

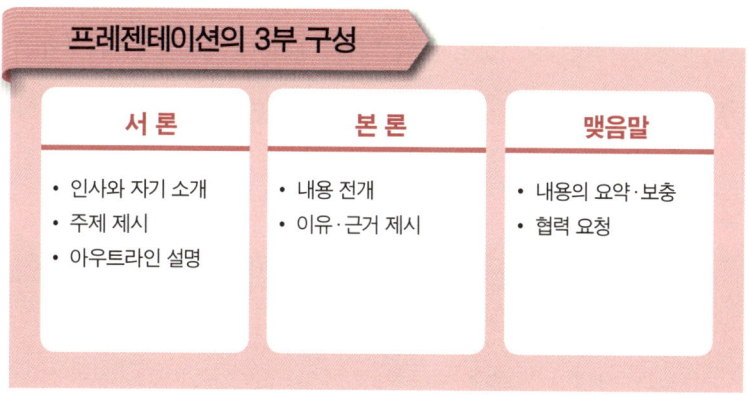

인사와 자기소개는 분위기를 조성함과 동시에 청중과의 거리를 가깝게 하는 역할을 한다. 주제를 제시하고, 그 주제에 대해 해설하는 것도 서론에 해당된다.

"효율적인 업무를 위해 잦은 회의를 피해야 합니다."

주제를 밝히고 배경을 간략하게 설명한다.

"업무의 효율성은 중시하면서도, 효율적인 회의의 중요성에 대해서는 지금까지 전혀 검토되지 않았습니다. 매일같이 계속되는 미팅과 회의가 근무 시간의 40%나 차지합니다. 여러분, 이 시간을 반으로 줄이면 어떨지 생각해 보십시오. 실제 업무에 투자할 수 있는 시간을 충분히 확보할 수 있습니다. 지금부터 회의 시간을 반으로 줄이기 위한 방법을 제안하도록 하겠습니다."

이처럼 본론으로 들어가기 전에 아우트라인을 설명하는 것이 좋다. 아우트라인은 레스토랑의 메뉴판이나 책의 목차와 같은 것이다. 아우트라인에 따라 청중은 감을 잡는다.

또한 짧지만 구체적인 사례부터 이야기를 시작해 청중에게 강한 호기심을 불러일으킨 뒤 본론으로 안내하는 방법도 있다.

② 본론

프레젠테이션의 몸체에 해당한다. 가장 많은 시간과 노력을 들여야 하는 곳이다.

어떤 식으로 전개해야 할까?

내용에 일관성이 떨어진다거나 이론이 비약적이라면 누구라도 이해하기 어려우며 설득력도 떨어진다.

강한 설득력을 갖기 위해서는 각 부분이 전체와 유기적인 관련성을 갖고 있으며 전체적인 윤곽이 한눈에 그려져야 한다. 이를 위해서는 탄탄한 줄거리가 필요하다. 줄거리를 짜기 위해 자주 사용되는 방법은 다음과 같다.

- 귀납법 — 다양한 사례를 제시한 뒤 공통점을 주제나 논점으로 유도하는 방법
- 연역법 — 대전제·소전제·결론의 순서로 우선 일반론을 제시한 뒤 사례를 열거해 결론으로 유도하는 방법
- 시계열법(時列法) — 시간적인 흐름에 따라 정리하는 방법
- 공간적 배치법 — 장소, 구조 등을 이야기할 때 사용되는 방법
- 문제 해결의 순서 — 당면한 문제, 원인, 해결 방법의 순서로 전개하는 방법
- 용이한 순서 — 이해하기 쉬운 사항을 먼저 이야기하고, 차례로 어려운 사항으로 옮겨가는 방법

이상 여섯 가지의 방법 가운데 어느 하나만 단독으로 사용되는 경우는 드물다. 내용에 따라 여러 가지를 적절하게 조합해 프레젠테이션의 줄거리를 짜도록 하자.

실탄을 준비하라!

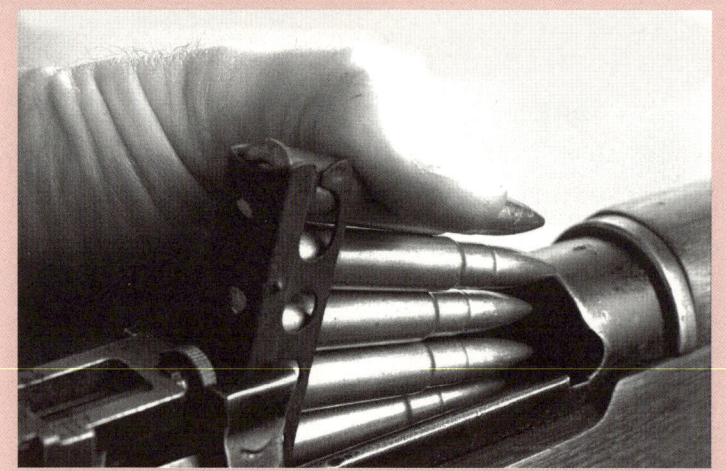

처음이 중요하다. 분위기 조성에 실패하면 대세가 기울어진다. 짧지만 중요한 서론을 위해 실탄을 충분히 준비하라! 어떤 변수가 기다리고 있을지 아무도 모른다.

③ **맺음말**

순서에 따라 착착 진행했는데 맺음말을 소홀히 하는 바람에 망쳐 버렸다는 씁쓸한 경험담을 자주 듣는다. 맺음말을 소홀히 하면 청중은 요점을 놓치고 만다. 매듭을 짓지 않으면 단추는 반드시 떨어진다.

어떻게 맺을 것인가도 준비 단계에서 철저하게 구상해야 한다.

- 본론을 요약한다
- 보충설명을 한다
- 주제를 다시 한 번 강조한다
- 향후 결과를 예측한다
- 결단을 촉구한다

마무리를 맺는 방법은 여러 가지가 있다. 사전 준비를 해두면 프레젠테이션의 진행 상황에 따라 즉석에서 판단해 적절히 맺는 것도 어렵지 않다.

'② 주제를 한 줄로 표현한다(119쪽)'의 답
[주제] 클레임은 새로운 제안을 위한 귀중한 정보다

역주(力走, spurt)

모든 것이 완벽한가? 마무리를 소홀히 해선 안 된다. 마무리는 화룡점정이며, 이어지는 다음 시간을 예고하는 시작이다. 오늘만 살고 말 것인가? 끝까지 역주하는 자세로 '프레젠테이' + '션'을 완성하라!

3

프레젠테이션의 흐름

커뮤니케이션은
'관계 만들기(친목) → 이해·납득(설명) → 행동 촉구(설득)'의
3단계로 구성된다.
프레젠테이션도 마찬가지다.
본 장에서는 이 중 '관계 만들기', '이해·납득'과
'청취 커뮤니케이션의 기술'에 대해 설명한다.

01 프레젠테이션의 3단계

'프레젠테이션'이라는 단어는 일상에서 흔히 쓰이지만, 커뮤니케이션의 일종임을 모르는 사람은 여전히 많다.

자신의 요구를 실현시키기 위해 타인에게 행동을 유발하는 커뮤니케이션은 '설득'이라고 한다.

설득의 형태는 크게 세 가지로 나눌 수 있다.

① 주제형 설득
② 제안형 설득
③ 유도형 설득

프레젠테이션은 ②번 '제안형 설득'에 해당한다.

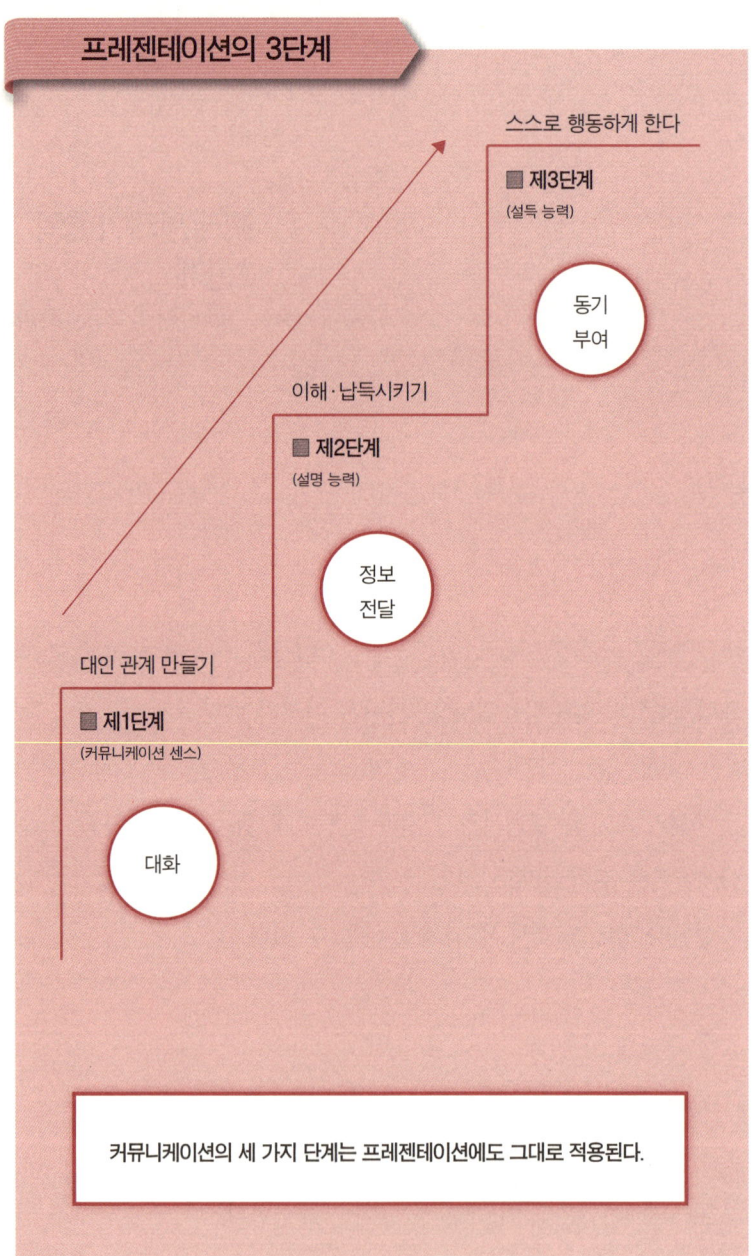

과정 면에서 바라본 프레젠테이션의 구성 흐름을 살펴보자.

커뮤니케이션의 일환으로서 봤을 때, 무대에 서서 이야기하는 것만이 프레젠테이션이라고 할 수 없다. 프레젠테이션의 효과를 높이려면 무대에 오르기 전부터 청중과 교감해야 한다. 이는 무대에서 내려온 뒤에도 계속된다.

커뮤니케이션을 연구하는 하나시카타 연구소에서는 커뮤니케이션의 흐름을 세 가지 단계로 나누어 검토하고 있다.

프레젠테이션의 과정에도 이 세 가지 단계를 적용시킬 수 있다.

02 프레젠테이션과 대인 관계

프레젠테이션 현장에 서기 전까지 준비 단계로서 몇 번이고 협의·미팅·대화가 진행되는 것이 일반적이다. 프레젠테이션의 흐름에 따른 대인 관계는 다음과 같이 발전한다.

1) 초기 단계에서의 관계 만들기

클라이언트를 찾아가 담당자를 만나는 자리에서 가장 중요한 것은 '첫인상'이다. 첫인상이 좋으면 이후의 대인 관계를 심화시키고 유지하는 데 훨씬 수월하다. 상대방도 프레젠테이션 자리에서 호의적으로 경청하게 된다.

어떻게 해야 첫 만남에서 좋은 인상을 심어줄까?

① 첫 만남은 딱 한 번뿐이다

첫 만남은 단 한 번뿐이다. 이미 만났던 사람을 다시 처음으로 만나는 일은 두 번 다시 오지 않는다.

"요전의 저는 참된 제가 아니었습니다. 오늘 보시는 제가 진짜 제 모습입니다."

두 번째 방문에서 들뜬 마음에 이런 말을 한다면 상대방은 어떻게 생각할까?

'머리가 어떻게 된 거 아냐?'

'프레젠테이션은 기대할 필요도 없겠군.'

이 얼마나 한심하고 비참한 일인가. 누군가와 첫 번째로 가지는 만남이야말로 당신의 인상이 만들어지는 결정적 순간이라는 것을 확실하게 마음에 새기자.

② 당신은 어떤 인상을 심어 주고 있는가

진정한 의미에서 다른 사람에게 나쁜 인상을 주고 싶어하는 사람은 없다.

프레젠테이션 현장에서 첫 번째 포인트는 어떻게 하면 청중에게 '첫인상'을 잘 보여 그들을 매료시킬 것인가에 있다.

좋은 첫인상을 심어주고자 하는 것은 어떤 형태의 대면에서든지 공통적이다. 타인에게 나쁜 인상을 주면 결과적으로 손해라는 것을 모르는 사람은 없다. 그런데도 왜 우리는 첫인상이 나쁜 사람들을 그렇게 많이 만나게 되는 것일까?

'불쾌한 사람이야.'

'두 번 다시 만나고 싶지 않다.'

이런 느낌을 갖게 되는 사람이 존재하는 것은 왜일까?

자신의 인상이 나쁘다는 사실을 본인이 전혀 모르기 때문이다. 병도 알아야 고친다. 모르는데 개선의 의지가 생길 턱이 없다. 가장 난감한 경우다.

어렴풋이 알고는 있지만 본인 스스로 어쩔 수 없다고 포기한 경우도 있다. '인상은 타고나는 것'으로 오해한 탓이다.

자신감이 지나쳐 상대방을 질려버리게 만드는 경우도 있다.

위 세 가지 중 자신에게 해당되는 것은 없는지 한 번 돌아보자.

다행히 인상은 마음만 먹으면 얼마든지 개선할 수 있다.

사례 언제나 화가 난 듯 무서운 표정을 짓고 있던 48세의 남자가 있었다. 56세가 된 지금은 희끗희끗한 머리에 언제나 싱글벙글 웃고 다닌다. 비디오로 녹화된 자신의 모습을 보고 충격을 받은 탓이다. 자기가 보기에도 얼굴이 '말도 못 붙일 정도로' 험악했던 것이다. 얼굴 표정을 바꾸기로 결심한 그는 매일 거울 앞에서 환하게 웃는 얼굴을 연습했다. 덕분에 8년이 지난 지금은 자신이 보기에도 놀랄 정도로 표정이 달라졌다. 그는 이런 소감을 털어놓았다.

"이야기 솜씨가 늘었다고는 생각하지 않아요. 그런데 요새 들어서는 모두들 제 이야기를 잘 들어 주더군요."

③ 좋은 인상을 심어 주는 세 가지 포인트

눈으로 받아들이는 자극은 강렬하다.
'이야기를 하기 전에 승부는 정해진다!'
좋은 인상을 주는 노하우는 다음 세 가지에 전부 들어 있다.

▶ 밝게 웃는 얼굴

엘리베이터에서 모르는 사람과 함께 있다. 눈길이 마주친 순간 상대방이 환하게 웃으면, 자신도 모르게 미소로 답하게 된다.

미소는 만국 공통어이며, 첫 대면하는 사람의 마음을 사로잡는다. 밝은 표정으로 상대와의 만남을 시작할 수 있다면 대인 관계의 첫발은 일단 성공한 셈이다.

커뮤니케이션, 준비되었는가?

마음을 열고 웃어라! 눈앞의 이익만 따지면 아무도 만나지 못한다. 넓고 길게 보라! 중국 4공자 가운데 첫 손에 꼽히는 '맹상군'의 '계명구도'를 기억하라. 맹상군은 닭 울음을 흉내내는 사람, 도적질을 하는 사람까지 환대하며 손님으로 모셨다.

▶ 솔직한 태도

태도는 그 사람의 마음을 반영한다.

서로 잘 모르는 사람들끼리는 어찌 됐든 경계심을 세우고 움츠러들기 마련이다. 가볍게 보이고 싶지 않아서, 혹은 잘 보이고 싶은 마음에 겉멋을 부리기도 한다.

문제는 그러한 마음이 태도로 나타난다는 것이다. 자기 방어적이고 어색한 태도로 대하는 사람에게 친근감을 느낄 사람은 없다. 프레젠테이션이 시작될 때도 마찬가지다.

마음을 열고 있는 그대로의 모습으로 타인과 접촉하라. 물론 용기가 필요하지만 효과는 확실하다. 꾸밈없는 모습으로 다가가야 상대방도 마음을 쉽게 열어 주고 빨리 친해질 수 있다.

있는 그대로의 모습으로 상대방을 대하자. 나의 마음이 편해야, 다른 사람의 마음도 편하게 해줄 수 있다.

▶ 먼저 인사하기

인사란 기본적으로 말을 걸기 위한 것이다. 맨 처음 만나는 사람에게 먼저 인사말을 건네며 다가서자. 먼저 하는 인사말은 상대방에게 좋은 인상을 심어 준다.

"안녕하세요?"
"잘 부탁합니다."
"항상 신세지고 있습니다."

교과서같이 틀에 박힌 평범한 한마디가 타인의 마음을 사로잡는 이유는 무엇인가?

인사를 한다는 것은, 타인의 존재를 인정하고 대화의 여지를 마련한다는 의미이기 때문이다.

인사를 하지 않는 것은 말을 걸 의사가 없다는 뜻이다. 즉 상대방을 무시한다는 말이다.

싫은 사람에게는 말도 걸기 싫고, 눈도 마주치기 싫다. 반대로 누군가 내게 인사도 하지 않고 본체만체한다면, 그 사람이 자신에게 호의적이지 않다고 느낄 것이다. 그럴 때 생기는 감정은 서운함 이상이다.

'그까짓 인사'라고 가볍게 생각하지 말자. '먼저 하는 인사'야말로 좋은 인상을 심어 주고 원만한 대인 관계를 만들기 위한 가장 쉬우면서도 확실한 방법이다.

2) 대인 관계의 유지와 발전

요새는 전문 엔지니어도 영업에 빈번히 참여한다. 주로 클라이언트를 직접 방문해 프레젠테이션을 하는 경우가 많다.

기술자나 전문 스태프의 공통된 경향은 다음과 같다.

- 목소리가 작다
- 화제가 풍부하지 못하다
- 전문 용어가 많고 이야기가 어렵다

때문에 전문적인 지식을 가지고 있으면서도 클라이언트(청중)와 친밀한 관계를 형성하지 못한다. 혹 첫 대면에서 어찌어찌 좋은 관계가 되었다고 해도 지속적으로 관심을 기울이지 못해 도로 소원해지기 일쑤이다.

좋은 대인 관계를 유지·발전시키면서 성공적인 프레젠테이션으로 연결시키기 위한 마음가짐에 대해 생각해 보자.

① 상대방에게 충분히 전달되는 목소리로 말하라

청중 앞에서 이야기할 때 목소리에 힘이 실리지 않으면 불리한 점이 많다.

- 잘 들리지 않아 청중이 지친다
- 이야기 전체에 탄력이 없어 인상이 엷어진다
- 행동을 일으키게 할 만한 열의가 느껴지지 않는다

이를 극복하려면 평소 또렷이 발성하는 연습을 게을리 하지 말아야 한다.

사례 고객의 회사로 자사의 기술자를 파견해 근무시킬 때의 일이다.

어느 날 클라이언트로부터 기술 담당자를 바꿔 줬으면 좋겠다는 내용의 전화가 걸려 왔다.

"그러십니까? 하지만 현재 담당자인 K는 기술이 매우 우수한 사원인데요……." 하고 상사는 영문을 모르겠다는 표정을 지었다.

"기술은 우수할지도 모르겠습니다만, 인사도 제대로 하지 않는 사원은 글쎄요, 좀 곤란합니다."

K가 고객을 방문해서 인사를 하지 않는다? 상사는 그 말을 믿기 어려웠지만 일단은 조만간 연락을 드리겠다고 하고 전화를 끊었다. 한참 팔짱을 끼고 이것저것 생각해 보니 마음에 짚이는 바가 있었다.

K는 유난히 목소리가 작은 사람이었다. 외근에서 돌아왔을 때도 작은 소리로 무언가 중얼거리고는 자리에 앉기 일쑤였다. 상사는 그때마다 "다녀왔습니다."라고 인사했을 것이라 짐작하고는 별 신경을 쓰지 않았다. 하지만 문제가 되고 보니 그대로 두어선 안 되겠다는 생각이 들었다.

그날 저녁 회사에 돌아온 K는 여느 때와 마찬가지로 상사를 흘끔 쳐다보고 속삭이듯 중얼거리고는 자리에 앉았다. 상사가 K를 불러 잠시 담당을 바꾸겠다고 알렸다.

소리를 냈다고 해서 인사했다고 할 수 없다. 본인은 억울할지 모르지만 상대방에게 전달되지 않으면 안 한 것과 다를 바가 없다.
분명하게 표현하라.

- 상대방에게 가까이 다가가서
- 얼굴을 마주보고
- 또랑또랑 목소리로

인사하는 습관을 가르쳐라!
힘 있는 목소리를 내기 위해서는 '발성 연습'을 하는 것이 좋다. 이에 대해서는 '6장 Q02'에서 설명하고 있다.

② 이야기를 주고, 받아라

'능숙한 대화'란 화제가 풍부하고 재치가 있어 상대방을 즐겁게 하는 대화의 기술이다. 그렇다고 쉬지 않고 떠들어대는 사람이 대화에 능숙하다고 하기 어렵다. 오히려 대인 관계에 있어 수다스러운 사람은 기피대상이다.

사람은 다른 사람의 이야기를 즐겁게 듣는 동시에 자신도 얘기를 하고 싶어 한다. 상대방의 얘기만 계속되면 '나도 한마디 좀 했으면……', '내게도 기회를 좀 줬으면……' 하는 불만을 품게 된다.

단순히 능숙하게 떠드는 것만이 능사가 아니다. 상대방이 말하도록 이끌어내고, 들어주는 사람이야말로 타인의 호감을 얻는 '회화가

능숙한 사람'이다.

③ 적극적으로 경청하라

협의나 미팅을 하다 중간에 잠깐 짬을 내 세상 돌아가는 이야기를 나누는 것은 일의 성공 확률을 높이기 위해서도 좋은 일이다. 업무와 관련이 없는 잡담은 결코 쓸데없는 이야기가 아니다. 상호간의 친근감을 더해 주고 상대방이 어떤 사람인지 더욱 잘 이해하도록 돕는다. 그런데 논지에서 벗어난 '잡담'을 못 견뎌하는 사람도 있다. '말을 재미있게 할 자신이 없기 때문'이다.

이런 걱정은 하지 말자. 이야기를 잘 들어주는 사람이 되면 문제가 없다.

- 고개를 끄덕인다
- 맞장구를 친다
- 질문을 한다

적극적으로 듣는 사람의 입장이 되어 열심히 상대의 이야기를 들으면 분위기는 점점 고조된다. 누구나 자신의 이야기를 잘 들어주는 사람에게 호감을 갖는다. 또한 열심히 들어주다 보면 그 사람에 대해 기대했던 것보다 더 많은 것을 알 수 있게 된다.

이야기를 잘 들어주기. 대인 관계의 유지와 발전을 위해 꼭 필요하다.

④ 약속을 지켜라

말은 입 밖에 내자마자 사라져버린다. 그래서 업무와 관련된 내용은 기록해야 한다. 구두로만 업무를 전달하면 책임 소재가 불분명해진다.

그러나 모든 일을 100% 다 기록으로 작성해 남길 수는 없다. 이는 거의 불가능하다. 때문에 말의 신뢰성이 중요하다. 내뱉은 말은 반드시 지키자. 상대방에게 얘기를 할 때 메시지를 정확하고 똑바로 전하려고 노력하자. 한 번 말한 것으로 그치지 말고 정확하게 이해했는지 확인하자.

발언한 사항에 대해서는 책임을 져라.

"다음 회의 시간까지 조사하겠습니다."라고 말했다면 결과물을 가져와야 한다. "다음부터는 시간에 늦지 않겠습니다."라고 말했다면 무슨 일이 있어도 지각하지 마라.

말은 사라져도 사람은 남는다. 허공으로 사라지는 말 한마디가 신뢰를 높이기도, 떨어뜨리기도 한다. 말한 것에 책임을 지는 사람이라는 평가는 대단히 높은 것이다. 프레젠터의 신용도가 프레젠테이션의 신뢰도를 높인다.

3) 신뢰 구축하기

프레젠테이션의 첫 단계는 '관계 만들기'였다.

모든 대인 관계의 출발은 첫 대면에서부터 시작된다. 만남이 거듭되면서 서로에 대한 이해가 깊어진다. 그리고 마지막 단계인 '신뢰 구축'에 이른다.

아리스토텔레스는 이렇게 말했다.

"누군가를 설득하고 싶다면 먼저 상대방의 신뢰를 얻어라."

귀를 열어라!

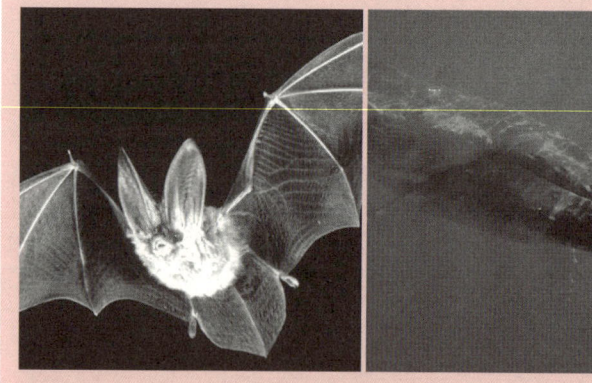

사람이 들을 수 있는 주파수 대역은 16~20,000Hz이다. 2만 Hz를 넘는 영역을 '초음파'라고 부른다. '사람이 들을 수 있는 소리의 영역을 벗어난 음파'이다. 그러나 박쥐나 고래와 같은 동물은 2만 Hz 이상의 소리도 듣는다.
정보는 들을 준비가 되어 있는 사람에게만 들린다.

신뢰는 처음부터 100%가 될 수 없다. 신뢰는 계속 쌓아감으로써 형성된다.

'급할수록 돌아가라'는 속담이 있다. 대인 관계는 특히 그러하다. 충분히 시간을 들여 관계를 맺고, 연결고리를 더욱 굳건하게 해줄 신뢰를 쌓아가는 것이 프레젠테이션을 성공 — 설득 — 으로 이끄는 길이다.

구체적으로 다음의 사항을 실천하도록 한다.

- 때로는 먼저 말을 건다
- 이야기를 잘 들어 준다
- 자기중심적으로 이야기를 진행하지 않는다
- 약속은 반드시 지킨다
- 상대방에게 도움이 되는 제안을 하기 위해 애쓴다

타인의 신뢰를 얻기 위해서는 먼저 상대방을 신뢰하며 다가가야 한다. 상대방을 의심하는 마음으로는 아무리 얼굴빛과 태도를 꾸며도 믿음을 얻을 수 없다.

임기응변의 진수 3
- 해진의 묘수

해진(解縉)은 명나라의 유명한 선비이다. 어느 날 영락제가 그에게 말했다.

"모두들 당신이 아주 총명하다고 하는데, 오늘 내가 좌승상에게 한마디 진실을 말하게 하고, 우승상에게 한마디 거짓을 말하게 하겠다. 그대는 이 두 마디에 단어 하나만 더해서 거짓말로 만들어야 한다. 할 수 있겠느냐?"

해진이 답했다.

"명을 받들겠나이다."

좌승상이 진실한 말을 한마디 했다. "황제께서 용좌에 앉아 계십니다."

우승상이 거짓말을 한마디 했다. "쥐가 고양이를 잡습니다."

앞뒤가 맞지 않는 말이었으므로 신하들은 해진을 걱정했다. 그러나 해진은 즉시 말을 받아넘겼다.

"황제께서 용좌에 앉아 쥐가 고양이를 잡는 것을 보십니다."

훌륭한 조합이었다. 영락제는 그래도 그만두지 않고 다시 말을 바꾸었다.

"방금 한 그 말에 단어 하나만 더해서 진실한 말로 만들어보게."

해진은 즉각 말을 이었다.

"황제께서 용좌에 앉아 쥐가 고양이를 잡는다고 말씀하십니다."

이는 정녕 진실한 말이었다. 영락제는 더 이상 할 말을 잃고 해진을 놓아주었다.

후에 영락제가 해진에게 유서(類書)의 편찬을 명해 〈영락대전(永樂大典)〉이 완성되었는데, 이는 세계 최초이자 최대의 백과사전이었다.

당시 중국 황제의 말은 곧 법이요 진리였다. 더구나 영락제는 붓보다 칼이 강하다고 믿고, 반역자는 구족(九族)은 물론 십족(十族)까지 멸하는 잔인한 왕이었다. 설사 달을 가리켜 해라고 해도 믿는 시늉을 해야 했다. 쥐가 고양이를 잡는다는 건 이치에 맞지 않지만, 황제가 그렇게 말했다면 그것은 진실이다. 그야말로 황제 스스로 자기 권위에 묶여 꼼짝도 못하게 된 자승자박의 형국이다.

해진의 현명한 대답은 황제를 무색하게 했을 뿐 아니라, 무례했던 황제로부터 존경과 신임을 얻게 했다.

십족(十族)이란?

구족(九族)에 친구와 사제지간까지 포함시킨 것을 말한다. 일찍이 전례가 없었으나 영락제와 방효유의 일화로 널리 알려졌다. 구족은 아버지의 일족 4대, 어머니의 일족 3대, 아내의 일족 2대를 합친 것이다.

03 정보 수집을 위한 커뮤니케이션 기술

'정보 수집'은 프레젠테이션 전체에 걸쳐 광범위하게 이루어지는 중요한 작업이다.

'잘 들어주는 사람이 되기'에서부터 '설득하기'에 이르기까지 모든 과정이 성립되기 위한 근간이다. 때문에 정보 수집은 어느 한 단계로 따로 떼어내 설명할 수가 없다.

여기에서는 정보 수집과 커뮤니케이션의 관계를 설명하면서, 정보 수집 기술에 대한 모든 내용을 상세하게 설명하도록 한다.

1) 경영 환경이 달라지면 커뮤니케이션도 바뀐다

20세기 후반부터 21세기 초반에 걸쳐 경영을 둘러싼 제반 환경이 크게 변했다. 커뮤니케이션 방법도 그에 따라 변화를 거듭해왔다. 변화의 과정은 3단계로 나눌 수 있다.

경제가 급속하게 발전하던 시대는 커뮤니케이션 자체를 필요로 하지 않았다. 물건을 만들기만 하면 팔렸기 때문이다.

그러나 경제 성장이 멈추고 불황이 시작되자 판매 촉진을 위한 광고가 필요해졌다. 아직까지는 일방적으로 이야기하고 능수능란한 표현을 쓰면 어쨌든 팔렸다. 커뮤니케이션을 하지 않는 기업들은 차례로 사라졌다.

불황이 장기화되고 21세기를 맞이한 오늘날에는 일방적인 판매방식은 더 이상 먹히지 않는다. 아무리 광고를 해도 시장이 꿈쩍도 하지 않는 경우가 다반사다. 기업들은 고객의 필요성을 끌어낼 새로운 전략이 필요했다. 고객의 수요를 충분히 파악해 요구하는 바가 무엇인지 초점을 맞춘 기업들은 여전히 승승장구했다. 일방적인 구매 강요 방식을 버리고, 고객의 목소리에 귀를 기울이고 정보를 수집하기 위한 노력이 요구됐다.

비로소 '말하기'와 '듣기'라는 커뮤니케이션이 필요한 시대가 도래한 것이다.

정보 수집을 위한 '청취 기술'은 단순히 듣는 차원이 아니다. '잘 듣기'란 매우 어려운 일이다. 높은 수준의 집중력, 정보 분석력, 상황 대처 능력이 요구된다.

- 곧바로 반응하면서 듣는다
- 클레임도 귀중한 정보로 받아들인다
- 상대가 표현하지 않은 진심까지 포착한다

커뮤니케이션 방법의 변화

구분 시기	시장	대처	리더십
고도 성장기	잠자코 있어도 팔리는 시대	커뮤니케이션 불필요	'나만 믿고 따라와라'고만 말해도 먹힌다
거품 붕괴기	모든 수단을 동원해 적극적으로 대처하지 않으면 팔리지 않는 시대	판매 촉진이 필요	이유를 설명해 납득시키지 않으면 사람들이 따라오지 않는다
장기 불황기	소비자의 요구를 적극적으로 반영해 문제를 해결하지 않으면 팔리지 않는 시대	프레젠테이션 필요	불신이 더욱 강해져 리더가 직원들의 이야기를 잘 듣고 공감하지 않으면 따라오지 않는다

프레젠테이션은 고객에게 도움이 되는 제안이다. 프레젠터는 경청력과 표현력을 가꾸지 않으면 안 된다. 특히 정보 수집을 위해 '청취기술'을 향상시켜야 한다.

2) '듣기'란 무엇인가

'청취력을 키워라.'라고 하면 이렇게 얘기하는 사람들이 많다.
"말을 잘 하는 편은 아니지만 듣는 거라면 자신 있습니다."
"평소에도 전 잘 들어주는 편입니다."
그러나 프레젠테이션에서 필요로 하는 '듣기'란 수동적인 자세가 아니다. '듣는 행위'를 통해 거꾸로 메시지를 전달하고 상대방에게 영향을 끼치는 활동적인 커뮤니케이션이다.

① 듣고 있다는 것을 표현하라

말을 하는 것만 표현이 아니다. 듣는 것도 경우에 따라 매우 강한 표현력을 얻는다.

누군가의 이야기를 집중해서 듣는다는 것은 여러 가지 의미를 내포한다.

상대의 이야기가 흥미롭다, 상대에게 호감을 가지고 있다, 상대와 좀 더 가까운 사이가 되고 싶다 등등의 메시지가 경청하는 자세에서 흘러나온다. 말하는 사람의 입장에서는 이런 사람에게 마음이 기울 수밖에 없다. 따라서 집중해서 듣고 있다는 것을 상대가 잘 알 수 있도록 적극적으로 표현하는 게 좋다. 시선은 다른 곳을 향해 있고 딴 생각을 하고 있는 것 같은 자세로는 아무리 열심히 듣고 있었다고 변명해 봤자 소용없다. 다른 사람 말에 무심한 태도로는 정보를 얻기는커녕 말을 할 상대조차 잃게 될지 모른다.

들을 때는

- 생기 있는 표정으로
- 눈을 맞추면서
- 때맞춰 맞장구를 친다

위 세 가지를 반드시 실천하도록 한다.

② 이야기하면서 들어라

적극적으로 듣는 것도 '말하기'의 하나라면, 상대의 마음을 살피며 말하는 것도 '듣기'의 하나이다.

프레젠터는 앞에 서서 이야기하면서도 청중의 반응을 살펴보고 그 의미를 정확하게 짚어내야 한다. 준비한 내용을 토대로 프레젠테이션을 진행하되 일방적으로 말하지 않도록 주의해야 한다.

다음 사항들을 포인트로 삼아라.

- 좌중을 둘러보며 이야기한다
- 반응의 변화에 주의한다
- 이야기 중간 중간 의식적으로 짬을 둔다

③ 이야기하기 위해 들어라

경청하는 궁극적인 이유는 '정보'를 '수집'하기 위해서다. 수집한 정보를 바탕으로 프레젠테이션의 방향이 정해지기 때문이다. 고객이 제기하는 '클레임' 역시 중요한 정보로 취급해야 한다. 불평·불만을 똑똑히 파악해야 청중에게 제안할 내용이 명확해진다.

"다음에 무엇을 하면 좋을지는 고객이 알려 준다."

한동안 유행했던 말이다.

평소에 잘 들어 두면 프레젠테이션 현장에서 무엇을 제시해야 할지 확실해진다.

【요점 정리】

- 가능한 한 선입견을 버리고 듣는다
- 도중에 반론하지 않고 끝까지 듣는다
- '나라면 어떻게 생각할까?', '다음에 무엇을 이야기할까?' 따위는 생각하지 말라. 일단 상대방의 이야기를 끝까지 다 듣고 그대로 받아들인다.

커뮤니케이션은 쌍방향이다. 일방통행으로는 커뮤니케이션이건 프레젠테이션이건 성립하지 않는다. 훌륭한 프레젠터는 귀가 열려 있다. '잘 듣기'를 통해 좋은 발상을 얻는다.

3) 정보 수집의 기술

정보 수집은 프레젠테이션의 첫 단계에서부터 시작된다.
고객을 방문할 때, 상대방에 대해 아무것도 모르는 경우와 어느 정도 정보를 입수한 경우는 당연히 큰 차이가 난다.

사례 실패한 S군

직장 선배가 담당하던 거래처 A사를 S군이 이어받게 되었다. 처음으로 A사를 방문한 S군이 담당자와 첫 만남을 가지는 자리에 서였다.
"지하철역에서 가까워서 좋네요."
가벼운 대화를 두서너 마디 나눈 뒤 S군은
"그런데 귀사의 종업원 수는 얼마나 됩니까?"
라고 질문했다.
"어느 정도인지 맞춰 보시지요."
담당자는 이렇게 말하며 '우리 회사 사원 수도 모른단 말이야?'라는 표정을 지었다.
S군은 그만 말문이 막혀 버렸다.

사례 성공한 M군

M군은 어느 식품 회사의 담당 과장을 처음으로 만나러 갔다. 자기소개를 끝낸 M군은 "올해로 창업 백주년이 되신다면서요?" 하고 말문을 열었다.

과장은 "예, 그렇습니다. 우리 회사도 이 분야에서는 꽤 오래됐죠." 하고 응했다.

"백년을 새로운 시작으로 삼아 신규 사업을 기획하고 계신다고 들었습니다."

"오랜 전통 위에 새로운 것을 더해야 뒤처지지 않고 살아남지 않겠습니까?"

"전통이 있는 회사라 하더라도 새로운 사업을 시작하는 것은 그리 쉬운 일이 아닐 텐데요."

"그래요. 그래서 경영진 전체가 앞장서서 다섯 가지 프로젝트를 시작하게 되었지요."

S군의 실패와 M군의 성공.
이 두 이야기를 기억하면서 '정보 수집'에 대해 검토해 보자.

① 사전에 일반적인 정보를 수집해 둔다

일반적인 정보란 외부에 공개된 거래처 정보를 말한다.

회사를 방문할 경우 외부에 공표되어 있는 일반적인 정보는 사전에 조사해 알아두는 것이 여러모로 유리하다.

S군이 실패한 이유는 사전에 정보 수집을 하지 않았기 때문이다.

반면 M군은 기업 홈페이지를 통해 거래처인 식품 회사가 백주년을 맞이하는 것을 알고는 그것을 화제로 이야기를 진행해 이야기를 진전해갈 수 있었다. 만약 M군이 사전 정보 없이 나서서 "식품 쪽은 그다지 경기를 타지 않죠?" 등의 흔한 질문을 했다면 신규 프로젝트 팀이 발족되었다는 정보까지는 얻지 못했을 것이다.

② 질문으로 정보를 유도한다

질문은 상대방으로부터 정보를 끄집어낼 수 있는 큰 무기이다.

일반적 정보는 쉽게 알 수 있지만 보다 중요하고 가치가 있는 정보는 쉽게 얻을 수 없다. 어떤 프로젝트에 어느 정도의 예산을 생각하는지를 알고 싶어도 비공개 사항이라면 담당자를 구워삶을 수밖에 없다. 그렇다고 해서 직접적으로 질문을 한다면 "저 역시 알고 싶은 걸요."라는 식의 가벼운 응수밖에 얻지 못할 것이다. 질문하는 방법도 궁리해야 한다.

숫자를 묻고 싶을 때는
"작년 예산안은 5억 원이셨죠?"
"그랬나?"
"그럼 올해는 6억 원 정도가 적당하겠네요."
"지금 같은 불경기에 말도 안 되네."
"정 그러시다면 작년 수준 안에서 제안하도록 하겠습니다."

사실을 알고 싶을 때는
"월말 복사량은 평소의 배 정도가 되지요?"
"월말에는 보고서가 많으니까."
"그때 복사 상태는 어떻습니까?"
이렇게 제한된 상황으로 질문을 하는 것이 정보를 얻기 쉽다.

의견을 묻고 싶을 때
"자네 사외 연수를 받았지, 어땠나?"
이렇게 질문하면 질문의 범위가 너무 크다. 이럴 때 상대방의 대답은 "예에, 큰 도움이 되었습니다." 하는 것으로 끝나기 일쑤다.
"참가한 멤버는 어떤 사람들이었지?"
"첫째 날 연수에서는 어떤 것을 했나?"
하고 범위를 좁혀서 질문을 하는 것이 좋다.

인터뷰할 때에도 "요즘 생활은 어떠십니까?" 이렇게 질문한다면 "평범하게 지내고 있지요.", "잘 지내지요, 뭐."라는 식의 시시한 대답만 돌아온다. 구체적으로 질문하라.
"아침엔 주로 몇 시에 일어나십니까?"
"여섯 시 반입니다."
"일어나서 제일 처음에 하시는 일은 무엇입니까?"
"텔레비전을 켜고 뉴스를 봅니다."
이런 식으로 대화를 계속해서 이어간다면 여러 가지 정보를 얻을 수 있다.

   대강의 질문은 사전에 준비한다. 그러나 대화하면서 떠오른 질문을 던지면서 접근해야 원하는 정보를 얻을 수 있다.

04 | 이해·납득시키는 단계

프레젠테이션에 투자되는 공력 중 절반은 '내용을 알기 쉽고 정확하게 발표'하는 데 집중된다. 따라서 프레젠테이션은 '설명 기술'이기도 하다.

프레젠테이션에서 '설득'의 이전 단계가 '이해·납득'이다. 내용을 이해시키고 납득시키는 이유는 설득하기 위해서다. 프레젠테이션을 통해 제안하는 바가 받아들여지기 위해서는 일단 그 내용이 명확하게 이해되어야 한다.

1) 설명의 질이 낮은 이유

말하기에 대한 체계적인 교육을 받은 일이 없다 보니 무언가를 설명해야 하는 상황을 무척 꺼리고 귀찮아한다. 무언가를 일일이 설명하기보다는 차라리 설명서를 던져준다. 대강 말해도 알아들을 거라 믿어버리고, 그렇지 않을 경우 상대방이 모자란 탓이라 여기며 답답해 한다. 자신이 누군가의 설명을 듣고도 잘 이해하지 못하는 경우는 그 사람의 설명이 부족한 탓이다. 순전히 '남이 하면 불륜, 내가 하면 로맨스'이다.

설명에 서툰 것은 개인 문제만이 아니다. 기업 차원에서도 소비자에게 상품을 제대로 설명하는 일은 쉽지 않다. 정부도 국민을 대상으로 새로운 정책을 설명하는 일에 많은 투자를 한다. 설명이 제대로 되지 않으면 고객의 불만이 터져 나오고, 국민의 원성이 높아진다. 설명하기가 꺼려져서, 설명해 봤자 모를 거라는 생각에 그냥 넘어갔다가 된통 당하는 수도 많다. 설명하지 않으면 곧 정보 은폐의 누명을 쓰게 된다.

현대는 정보가 범람하고 하루에도 수십 가지의 새로운 용어가 탄생한다. 연일 세계 각지에서 뉴스가 쏟아져 들어오고 하루에도 몇 번씩 정책이 세워졌다 도루묵이 되었다 한다. 설명이 필요한 시대다. 그것도 질 높은 설명이 필요하다. 지금의 설명 기술로는 혼란만 가중시킬 뿐이다.

설명의 품질 개선을 위해 노력하자. 설명이 꺼려진다고 뒤돌아서서 기업이나 행정의 대처에 대한 불평불만이나 늘어놓을 셈인가? 위기관리의 차원에서도 설명 능력을 향상시켜야 한다.

2) 세 가지 타입의 설명자

설명하는 방법으로 들어가기 전에, 우선 설명에 관한 기본적인 사항을 살펴보자.

'설명'이란 간단히 말해 상대방이 이해하도록 만드는 것이다.

설명을 하는 사람은 크게 세 가지 타입으로 나누어 볼 수 있다.

첫 번째 '알기 쉬운 것을 어렵게' 말하는 사람

알기 쉬운 것, 이해하기 쉬운 것은 그대로 쉽게 설명하면 된다. 쉬운 것은 수준이 낮은 것이 아니다.

'진실은 알기 쉽다.'

그런데도 문장에 불필요한 멋을 부린다거나 유식한 체하느라 어렵게 말하는 사람이 많다. 참 난처한 일이다. 이런 사람들을 애처롭게 여기자. 알기 쉬운 것은 알기 쉽게 설명하면 된다.

두 번째 '어려운 것을 굳이 어렵게' 얘기하는 사람

컴퓨터 기술자나 증권 분석가 등의 이야기에는 전문 용어가 워낙

아인슈타인과 운전수

아인슈타인이 상대성이론을 강의하던 시절이다. 아인슈타인을 태우고 다니던 운전수가 말했다.
"지금까지 서른 번 정도 되풀이해서 듣고 나니 저도 설명할 수 있을 것 같더군요."
아인슈타인은 재미있겠다고 생각하고 그에게 다음 강의를 맡겼다.
아인슈타인의 얼굴을 모르던 학생들은 운전수의 강의에 꼼짝없이 속아 넘어갔다. 그때 한 학생이 수학과 관련된 질문을 던졌다. 운전수는 침착하게 대답했다.
"그 문제는 매우 쉬워요. 얼마나 쉬운지 제 운전수도 풀 수 있을 정도지요."
그러면서 운전수의 모자를 쓰고 있던 아인슈타인을 단상에 오르도록 했다.

운전수는 위트로 위기를 넘겼지만 '답'은 여전히 모른다. 외우는 것으론 부족하다.
이해하지 못한 정보는 체화되지 않는다.
체화되지 않은 정보를 남에게 설명하는 건 불가능하다!

많아 일반인으로서는 무슨 소리를 하는지 알아듣기 어렵다. 전문적인 내용이라도 이해하기 쉽게 설명하도록 애쓰자. 쉽게 얘기한다고 해서 전문가로서의 위신이 꺾이지 않는다. 전문지식을 일반적인 용어로 풀어 설명하는 사람이야말로 진정한 의미에서의 프로라고 할 수 있다. 또한 상대방의 이해 정도에 맞춰 알기 쉬운 표현으로 바꾸는 편이 매출 신장에도 훨씬 도움이 된다.

세 번째 어려운 내용을 잘 쪼개어 일반인도 알기 쉽게 설명하는 사람

이러한 타입의 프레젠터가 많다면 더할 나위 없이 좋겠지만, 현실적으로는 두 번째 부류가 압도적으로 많다.

'천재지변은 잊을 만하면 찾아온다.'는 명언을 남긴 테라도 토라히코(1878-1935, 일본의 물리학자이자 수필가)는 이렇게 말한다.

"아무리 어려운 이론이라 하더라도 일반인에게 설명하지 못할 정도로 어려운 것은 없다."

설명이 자꾸 어려워지는 것은 본인도 그 내용을 완벽하게 이해하지 못했기 때문이다. 쉽게 설명하는 것이 어렵다 하지 말고, '나는 이것을 충분히 이해하고 있는가?'를 고민하기 바란다.

3) 설명의 기초 조건

이해하기 힘든 설명이 많은 이유는 무엇일까? 그것은 다음의 두 가지 기초 조건을 충족시키지 못했기 때문이다.

① 설명할 내용을 사전에 충분히 소화할 것

남들에게 설명해야 할 내용을 자신도 잘 모른다면 알기 쉬운 설명이 나올 턱이 없다.

당연한 전제 조건이지만, 충족시키기가 대단히 어려운 조건이기도 하다. 본인은 분명 잘 이해하고 있다고 생각했는데, 막상 프레젠테이션 현장에서는 이야기하다가 스스로 혼란스러워져 무슨 소리를 하는지 모르게 될 경우가 많다. 그저 피상적인 이해에서 그친 탓이다.

수박 겉핥기 식의 태도는 절대 금물이다. 코끼리 뒷다리를 만져보는 것으로 만족할 생각은 집어치워라.

내용을 완전하게 파악한 뒤 예행연습을 충분히 해두어야 한다. 혼자 연습을 하는 데도 말이 막힌다면 아직 내용 파악이 덜 됐다는 뜻이다. 자신이 먼저 이해하지 못하면 다른 사람을 이해시킬 수 없다.

② 상대방의 이해력을 염두에 두고 설명할 것

전문가나 준전문가 급의 설명이 도리어 난해할 때가 있다. 그 이유는 청중의 이해력이 어느 정도 되는지를 프레젠터가 무시하거나 잘 모르기 때문이다.

- 상대방의 입장에 서서
- 무엇을 모르는지
- 어디까지 알고 있는지
- 전문 용어가 통용되는 범위는 어디까지인지

이와 같은 사항을 빈틈없이 검토한 뒤에 설명을 준비해야 한다.

설명할 내용에 대한 상대방의 관심과 이해 정도가 높은 경우와 그렇지 않은 경우는 분명히 구분해서 설명 방법을 택해야 한다.

특히 전문가의 경우 프레젠테이션 예행 연습을 할 때 같은 동료들을 대상으로 하지 말아야 한다. 하지 않는 것보다는 낫겠지만 전문가들끼리는 일반인의 이해 정도를 알 수 없으므로 자기만족에 빠지기 쉽다. 연습이 필요하다면 반드시 일반인을 대상으로 삼아라.

4) 설명은 알기 쉽게

설명이 자세하다고 해서 무조건 알기 쉽다고 할 수는 없다.

이런 저런 정보를 쉬운 말로 제공해도 청중이 이해하지 못하는 경우가 왕왕 있다. 쉽게 표현하는 것에도 방법이 있다. 다음은 알기 쉽게 표현하기 위한 설명의 열 가지 법칙이다.

**알기 쉽게 표현하기 위한
설명의 열 가지 법칙**

① 청중의 이해력이 어느 정도인지를 가늠해 이해시키기 위한 방법을 궁리한다.

② 청중의 반응을 확인하면서 이야기한다.

③ 하고자 하는 이야기의 요점을 먼저 말한 뒤 그 이유와 근거를 설명한다.

④ 방법을 이해시키고 싶다면 우선 시연을 해보인 후(혹은 실제 사례를 든 후) 그 원리를 설명한다.

⑤ 전체와 연관지어 부분을 설명한다.

⑥ 사례, 비유를 풍부하게 사용해 설명한다.

⑦ 특징을 강조하고 싶다면 다른 것과 대비시켜 설명한다.

⑧ 한 번에 모든 화제를 쏟아내지 않는다(요점을 짚어가며 하나씩 설명한다).

⑨ 키워드를 반복해서 강조한다.

⑩ 전문 용어는 일상 언어로 대체한다.

 ## 사례를 들어 설득하라

 미국 시장에 갓 진출한 일본 도요타 회사의 한 영업 사원이 미국 바이어들을 상대로 한 연설이다.

 "요즘 같은 고유가 시대에 자동차를 사는 사람은 아마 없을 것입니다. 계산에 어두운 바보들만 새 차를 구입하겠지요. 저 역시 막대한 기름 값을 대느니 자전거를 타고 출퇴근하는 것이 훨씬 낫겠다는 생각이 들었습니다.

 지난달 저는 처음으로 자전거를 타고 출근길에 올랐습니다. 길에서 자그마치 세 시간이나 허비했죠. 맙소사, 회사에 도착했을 땐 땀 투성이였습니다. 사무실 소파에 잠깐 누웠는데 정말이지 손가락 하나 까딱하기 싫었습니다. 하지만 그럴 수야 없었죠. 사장님께 들키면 해고될 게 뻔하니까요. 억지로 몸을 일으켜 일하기는 했는데, 퇴근 시간이 되니 피곤으로 온몸이 후줄근했습니다.

 천근 같은 몸을 이끌고 집으로 돌아가려니까 그 먼 거리를 다시 자전거에 의지해 돌아가야 한다는 생각이 떠올랐습니다. 정말 울고 싶었죠. 그때 비로소 깨달았습니다. 승용차는 생활에 꼭 필요한 수단이라는 것을 말입니다. 그리고 가장 현명한 선택은 기름을 적게 먹는 차를 사는 것이라고 생각했습니다.

 우리 도요타 자동차는 세계에서 기름이 가장 적게 드는 차입니다. 게다가 값도 쌉니다. 고유가 시대, 값싸고 유지비가 적게 드는 도요타 자동차를 사십시오. 그 사람이야말로 이 시대 가장 총명한 사람입니다."

연설이 끝나자마자 바이어들은 앞 다투어 도요타를 주문했다. 도요타는 빠르게 미국시장을 잠식해 갔다. 얼마 안 가 미국의 세계적인 자동차기업들이 도요타에 무릎을 꿇었다. 미국의 언론들은 이를 '제2의 진주만 공습'으로 표현하기도 했다.

만약 이 영업사원이 '요즘처럼 기름 값이 비싼 시대엔 기름을 적게 먹는 도요타 자동차가 제격입니다.'라는 식으로만 주장했더라면 바이어들로부터 이만큼의 호응을 얻지 못했을 것이다. 실제의 경험을 이야기로 들려주는 방식으로 설득하는 화술은 그리 어렵지 않으면서도 매우 효과적이다. 체험과 뼈아픈 깨달음이 녹아 있는 '진실된 이야기'는 쉽게 신뢰를 얻는다.

도요타 자동차

1966년 탄생해 일본 도요타의 세계 진출을 가능케 한 모델 카롤라. 2010년까지 3,700만 대가 팔려 세계에서 가장 많이 팔린 승용차로 기록된다.

 비유를 들어 설득하라

위나라 안리왕이 이웃 조나라를 공격하려던 때의 일이다. 여행을 하고 있던 대신 계량(李梁)이 소문을 듣고 급히 돌아와 왕을 뵙길 청했다. 계량은 전쟁을 중지시킬 생각이었지만 왕 앞에서는 그런 눈치를 보이지 않았다. 그는 우선 이런 얘기를 시작했다.

"궁으로 돌아오는 길에 어떤 사람을 만났는데, 마차를 북쪽으로 달리면서 '초나라로 가는 길'이라고 말했습니다. '초나라는 남쪽인데 왜 북으로 향하고 있느냐?'하고 물었더니, 그는 '말이 뛰어나게 잘 달린다'고 대답하는 것이었습니다. '말은 훌륭해 보이지만 길을 잘못 들었다'고 말했더니, '여비도 넉넉하다'고 대답했습니다. '그렇다 하더라도 길을 잘못 들었다니까' 하고 거듭 충고하자, 그는 '마부의 실력이 훌륭하다'고 대답했습니다. 그는 그렇게 모든 조건을 갖추었으나 점점 초에서 멀어질 뿐이었습니다."

호기심이 동한 안리왕이 다가앉자 계량은 본론으로 들어갔다.

"왕께서는 항상 패왕이 되어 천하를 다스리겠다고 말씀하셨습니다. 하지만 지금 나라가 크고 군사가 강하다는 것만 믿고 이웃나라를 공격하려고 하십니다. 무력으로 공격하는 일이 많을수록, 현왕의 명성은 땅에 떨어지고 원성만 높아질 것입니다. 그만큼 왕도의 길에서 멀어지게 될 터인데, 이는 마치 초나라로 가려고 하면서 반대 방향으로 마차를 달리는 것과 마찬가지 아닙니까?"

계량이 단도직입적으로 승부를 보려고 했다면 어떻게 됐을까?

계량은 왕을 설득하려는 태도를 감춤으로써 왕이 미리부터 방어하지 못하게 했다. 왕으로 하여금 들을 준비를 하게 한 셈이다. 그리고 자신이 방금 겪은 일이라며 남원북철(南轅北轍: 남쪽으로 가고자 하면서 북쪽으로 수레를 몬다는 뜻)의 예를 든다. 그런 후에야 왕의 잘못을 지적하니, 왕은 자신의 실수를 인정하지 않을 수 없었다.

자기 자신이 직접 연관된 일에는 판단력이 흐려지고 다른 사람의 직언이 잘 귀에 들리지 않는다. 이럴 때 객관성이 확보된 비유로 설득하면 효과가 크다.

이 일화는 또한 방법이 잘못되면 뜻한 바를 이루기가 힘듦을 깨우쳐주고 있다.

칼로 흥한 자는 칼로 망한다. 계량은 무력이 아닌 인덕으로 천하를 제패해야 오래 지속된다는 것을 말하고 싶었던 것이다.

프레젠테이션도 마찬가지다. 얄팍한 술수는 도리어 일을 그르치게 한다.

목적 — 설득 — 을 달성하려면 오로지 '철저한 준비'밖에 없다! 화려한 입담이나 비주얼에 기댄 프레젠테이션은 당장은 그럴 듯해 보일지 몰라도 점차 청중의 의심을 사고 갈수록 확신을 엷게 만들 뿐이다.

05 설득하여 행동을 촉구하는 단계

　프레젠테이션의 최종 목적은 '설득'이다. 프레젠테이션이 성공했다는 것은 당신의 제안이 '실행'된다는 것이다.

　프레젠테이션의 흐름에서 설득의 주된 위치는 전반전(설명)이 끝난 뒤인 후반부다. 프레젠테이션의 마무리 단계에서 주제를 '한 번 더 강조'함으로써 설득을 하게 된다.

　설득 커뮤니케이션의 진행 방법에 대해서는 5장에서 상세히 설명하도록 한다. 여기에서는 핵심 요소만 짚어본다.

설득하려면 의지를 보여라!

인도에서 건너온 달마는 소림사에 틀어박혀 면벽수도를 했다. 어느 눈보라가 치던 날, 신광이라는 젊은이가 찾아와 가르침을 청했다. 달마는 가타부타 아무 말 없이 수도에 정진했다. 달마는 가부좌로 벽을 바라보고, 신광은 달마의 등을 바라보며 밤을 꼬박 새웠다. 아침, 동이 트자 달마는 신광을 꾸짖었다.
"하룻밤의 노고로 높디높은 도를 거저 얻을 생각이냐? 이 얄팍한 녀석!"
이에 신광은 단칼에 팔을 벴다.
달마는 신광을 '혜가'라 부르고, 중국 선종의 토대로 삼았다.
「달마도」, 김명국, 조선 중기.

달마(Bodhi-dharma, ?~528?)
중국 선종의 창시자. 인도(혹은 페르시아)의 왕자 출신이다. 520년쯤 중국으로 건너왔다. 소림사에서 면벽수도하다 혜가를 만나 '선종'을 전수했다.

1) 설명을 통해 충분히 이해·납득시킨 뒤 설득할 것

설득은 타이밍이 중요하다. 급한 마음에 서둘러서는 안 된다.

- 설명을 생략한다
- 설명을 간단하게 끝내 버린다

이렇게 해서는 설득하기 힘들다. 내용을 잘 모른 채 설득을 당한다면 대부분의 사람들은 강요당하는 듯한 불쾌감과 말하는 사람에 대한 불신감을 갖게 된다.

"뭐가 켕겨서 제대로 설명하지 않는 거지?"

하고 화를 내는 사람도 있다. 프레젠테이션이 끝난 뒤 설명을 보충해 달라는 요청과 질문이 쇄도할 수도 있다.

설득은 충분한 설명을 거친 뒤에 이루어져야 한다.

2) '알겠다'는 말이 곧 행동으로 옮기겠다는 뜻은 아니다

반면 설명에 과도하게 힘을 쏟아 잘 이해시킨 것에 그저 안심해서 '이 정도면 충분히 잘 알았을 거야,' 하고 설득 단계를 대강 넘기는 사람도 있다.

하지만 인간은 아는 것만으로는 행동하지 않는다. 이해와 행동 사

이의 거리는 까마득히 멀다. 게다가 그 먼 거리 사이에는

- 잊어버렸다
- 마음이 변했다
- 실행하기 어려워 포기했다

등과 같은 장해 요인이 곳곳에 포진하고 있다.
적극적인 설득의 과정을 거쳐야 상대방을 움직이게 할 수 있다. 설득을 통해 강력한 동기를 부여해야 한다.

3) 설득이란 '설명 + 자발적 의사'

설득이란 한마디로 사람의 마음을 움직여 행동을 일으키게 하는 것이다.
행동하게 만든다고 해도 강압이나 협박에 의한 것과는 전혀 다르다. 설득은 상대방이 스스로의 '자발적 의사'로 움직이게 하는 것이다. 어떤 사람에게 동기를 부여하고 행동을 일으키게 한다는 것은 보통 어려운 일이 아니다. 때문에 프레젠터는 가지고 있는 지식과 에너지를 총동원해야 한다.
'어떻게 하면 이 사람들이 움직일 것인가?'
사람을 설득한다는 문제는 성공을 꿈꾸는 사람들에게 주어진 영원한 과제이다. 프레젠테이션은 이에 대한 도전이다.

프레젠테이션을 위한
효과적인 표현술

모든 준비를 완료했다.
이제 무대에 오르기만 하면 된다.
잠깐. 표현 방법도 준비가 되었는지?
내용은 표현이란 옷을 입지 않으면 청중에게 전달될 수 없다.
어떻게 표현해야 효과적으로 내용을 전달할 수 있을까?
성공적인 프레젠테이션을 위한 표현의 기술을 소개한다.

01 이해에서 표현으로

프레젠테이션을 통해 내놓는 제안은 참신하면서도 고객의 수요를 충족시킬 수 있어야 한다.

그러나 제안한 내용이 아무리 훌륭해도 청중에게 제대로 전달되지 않으면 소용이 없다. 세상에는 서툰 표현 방식 때문에 소리 소문 없이 묻히는 기획안이 허다하다.

> "새로운 아이디어를 가진 사람은 괴짜다. 그것이 성공하기 전까지는."
>
> — 미국의 소설가 마크 트웨인(Mark Twain, 1835~1910)

'생각'은 '말로 표현'되어야 한다. 그리고 '인정'을 받음으로써 가치를 부여 받는다.

'표현을 잘한다'를 단순히 '말을 잘한다'는 뜻으로 착각하지 말라. 좋은 표현이란 '듣는 효과가 높은 말하기'이다. 상대방이 잘 이해할 수 있도록 말해야 한다는 얘기다.

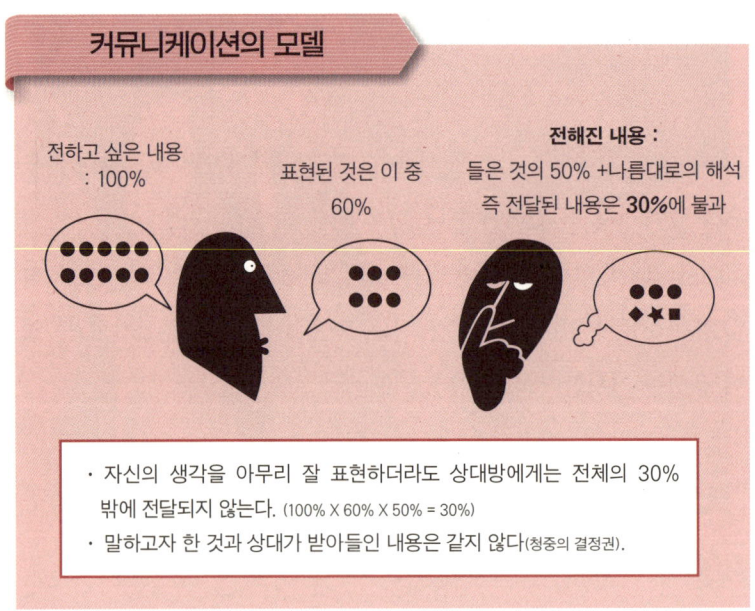

1) 이해할 수 있는 말로 바꿔라

프레젠터는 '내용을 구성하는 단계'까지 혼자서 진행한다. 청중도 필요 없고 무대에 설 필요도 없다. 머릿속으로 오랫동안 생각을 곱 글린 만큼 이해도 확실하게 하고 있다.

그런데 잠깐.

프레젠터가 다 이해한 내용이라고 해서 청중에게 무조건 통할까?

광고 회사의 크리에이티브 디렉터의 프레젠테이션을 들을 기회가 있었다. 제안 자체는 훌륭했지만 그 사람은 자기 이야기에 완전히 심취해 청중을 전혀 배려하지 않았다.

"대중의 감성을 파악해야 합니다. 예~ 그렇습니다. 거기에는 또 여러모로 힘든 점이 많습니다만, 그건 그렇다 치고……."

대체 뭐가 그렇다는 것인지, 힘든 점이 무엇인지 전혀 알 수가 없었다. 이 사람은 본인이 잘 알고 있다고 해서 청중에게 제대로 설명하지 않는 실수를 저질렀다.

'어떻게 표현해야 상대방이 들어 줄까?'

'어떻게 설명해야 이해할까?'

표현 방법을 고민하는 일은 내용 구상과 별개이다. 프레젠테이션은 듣는 사람이 어떻게 받아들이는가가 전부이기 때문이다.

말하고자 하는 바가 분명하게 드러나는, 구체적이면서 쉬운 표현법을 익혀야 한다.

2) 표현의 종류

표현 방법은 모두 네 가지이다.

① 음성 표현
② 언어 표현
③ 비언어 표현
④ 비주얼한 표현

표현의 네 가지 종류

감각	표현의 종류	내용
청각	음성 표현	발음·음색·억양 등 목소리를 통한 표현
	언어 표현	어휘·단어·서술어·이야기의 내용
시각	비언어 표현	모습·동작·제스처·표정·자세·시선 등의 보디랭귀지
	비주얼 표현	화이트보드·차트·패널·OHP·파워포인트 등의 시각적 자료

① 음성 표현

프레젠테이션은 목소리가 생명이다.

듣기 좋은 목소리는 ⑴내용을 알기 쉽게 하고 ⑵흥미를 유발하며 ⑶장시간 집중하게 한다.

- **성량** (Volume) : 성공한 정치인이나 경영자들은 대부분 목소리가 크다. 목소리가 크다는 것만으로도 사람을 끌고 말에 설득

력이 더해진다. 프레젠터의 목소리는 모든 청중의 귀에 잘 들려야 한다. 그렇다고 줄곧 큰 목소리를 내면 프레젠테이션이 지루해진다. 권투에서의 잽과 훅처럼 크고 작은 펀치를 번갈아 날려주자.

- 발음 (Pronunciation) : 고개를 숙여 웅얼거리지 않는다. 특히 시작과 끝 부분의 발음을 정확하게 한다.
- 속도 (Speed) : 표준 속도(뉴스앵커의 뉴스 진행 속도)를 완전히 몸에 익혀라. 그 다음에 완급을 조절하자.
- 톤 (Tone) : 평소 얘기할 때는 자연스럽게 음의 고저가 이루어

성공하는 목소리 VS 실패하는 목소리

성공하는 목소리	구분	실패하는 목소리
울림이 좋고 모든 청중의 귀에 잘 들릴 정도로 크다	성량	소리가 작아 잘 들리지 않는다
정확하다	발음	발음이 불분명하다
너무 빠르지도 느리지도 않다	속도	말이 너무 빠르다
변화무쌍하다	톤	강약이 없어 단조롭다

지지만 긴장하면 단조롭게 된다. 시작 전 심호흡을 하고 몸의 긴장을 풀어라.
- **중지** (Pause) : 잠시 말을 멈추는 것을 문장의 쉼표처럼 사용하라. 속도가 지나치게 빨라지는 것을 방지해 준다. 청중에게 강조를 하거나 집중을 요할 때 사용한다.
- **기본자세** (Pose) : 서 있는 자세에 따라 목소리가 달라진다. 양 발에 균등하게 힘을 주고, 허리를 꼿꼿하게 세운 다음 아랫배에 힘을 준다.

② **언어 표현**

말은 누구나 쉽게 할 수 있지만, 그만큼 실수가 잦고 오해의 소지도 많다. 말의 성질을 잘 알지 못하면 말 때문에 반드시 고생한다. 반면 말의 법칙을 제대로 이해하고 있는 사람은 말 한마디로 못할 일이 없다.

언어 표현에 대해서는 다음에 이어질 '프레젠테이션의 3원칙'에서 자세히 설명한다.

③ **비언어 표현**

전하고 싶은 의사를 말로만 표현하기는 어렵다. 얼굴 표정, 눈빛, 손놀림, 태도 등을 활용하면 말하기의 효과가 커진다. 적극적인 보디랭귀지는 프레젠테이션에 활력과 신선함을 불어넣는다.

제16대 미 대통령인 링컨은 이렇게 말했다.

"틀에 박힌 이야기는 듣고 싶지 않다. 벌떼와 전쟁이라도 벌이듯 흥분되는 이야기를 듣고 싶다."

비언어 표현에는 다섯 가지 항목이 있다.

- 외관 : 겉모습. 첫인상을 결정한다. 체구가 작은 사람이라도 여유 있고 당당하면 더 크게 보인다.
- 자세 : 가만히 서 있을 때나 걸을 때의 모습도 중요하다. 기립 자세의 체크 포인트는 앞서 설명했다. (1장 4 참조)
- 표정 : 빛이 발산되는 듯한 생기 있는 표정은 모든 사람의 호감을 산다. 무표정한 얼굴, 심각한 듯한 표정은 다가서고 싶지 않게 한다.
- 동작 : 풍부한 제스처는 이야기에 활력을 불어넣는다. 불필요하거나 과장된 동작은 도리어 혐오감을 줄 수 있으므로 주의하자. 자연스럽지 않으면 차라리 안 하는 게 더 낫다.
- 시선 : 눈을 정면으로 마주보고 또박또박 말하는 사람에게 신뢰가 간다. 청중과 눈을 맞추는 것을 겁내지 마라.

④ **비주얼 표현**

비주얼 표현은 화이트보드부터 컴퓨터의 파워포인트까지 그 종류가 다양하다. 특히 활용도가 높은 파워포인트와 프레젠테이션은 바늘과 실 같은 관계이다. 다만 지나치게 파워포인트에 의존하면 화술 능력을 발달시킬 수 없다. 화술의 비중이 줄면 생동감이 떨어진다.

나는 먼저 누구라도 찬성할 수 있는 공통의 관심사를 찾으려고 힘쓴다

링컨은 첨예하게 대립하던 '노예해방 문제'를 논의하는 자리에서도 먼저 상대가 긍정할 수 있는 질문을 던지며 설득에 나섰다. 당시 노예해방에 대해 중립적인 시각을 지닌 미러(Mirror) 지는 링컨을 이렇게 묘사했다.
"처음 30분간은 링컨의 주장에 반대하던 사람들도 나중에는 그의 의견에 귀를 기울이고 동의한다."
행동, 표정을 포함한 모든 표현이 상대에게 거슬려서는 안 된다. 거부하고 있다는 느낌을 주면 상대도 배타적인 자세를 취할 것이다.

【비주얼 표현의 장점】
- 이해를 촉진시켜 설명 시간을 단축해 준다.
- 청각과 함께 주어지는 시각적 자극은 내용을 기억하기 쉽게 한다.
- 복잡한 내용을 간략화 할 수 있다.

비주얼 표현은 어디까지나 부차적인 것이다. 이미지가 아무리 중요한 시대라 해도 내용이 받쳐주지 않으면 아무 소용이 없다. 승부는 내용과, 내용을 전달하는 표현력에 달려 있다. 비주얼에 크게 의존하지 말자.

 **표현에 따라 뜻도 달라진다**

옛날에 박씨 성을 가진 나이 지긋한 백정이 장터에 푸줏간을 내고 있었다.

어느 날 양반 두 사람이 고기를 사러 왔다.

"어이, 백정. 고기 한 근 다오."

"그러지요."

박씨는 솜씨 좋게 칼로 고기를 베어 주었다.

함께 온 양반은 상대가 비록 천한 백정 신분이지만 나이 든 사람인지라 말을 함부로 하기가 어려웠다.

"박서방, 여기 고기 한 근 주시게."

"예, 고맙습니다."

박씨는 기분 좋게 답하며 선뜻 고기를 잘랐다.

그런데 먼저 고기를 산 양반의 것보다 월등히 컸다.

먼저 고기를 산 양반은 그것을 보고 화가 나서 빽 소리를 질렀다.

"이놈아! 같은 한 근인데 어째서 이 사람 것은 크고 내 것은 작으냐?"

박씨가 대답했다.

"그야 손님 고기는 백정이 자른 것이고, 이 어르신 고기는 박서방이 잘랐으니까요."

같은 얘기라도 단어와 어투에 따라 뜻이 달라진다. 어떤 말은 불쾌하게 하고 어떤 말은 마음을 움직인다.

> 1) "얘야. 그것 좀 주련?"
> 2) "야! 그것 좀 줘봐!"

아버지가 아들에게 하는 말이다. 똑같이 달라는 말이지만 1)은 부탁하는 것으로 들리고 2)는 강압적인 명령으로 느껴진다. 아들의 기분은 어떨까? 둘 중 어느 쪽 말을 기꺼이 들어주고 싶을까?

> 1) "밥이나 처먹어."
> 2) "우선 밥부터 먹어."

흥분한 상대방에게 일단 식사하기를 권유(?)하는 표현이다. 내용은 똑같은데 듣는 사람 입장에서는 기분이 사뭇 다르다. 1)과 같은 말에는 상대방이 숟가락을 집어던지고 뛰쳐나가버릴지 모른다. 그러나 2)의 경우는 상대방을 생각하는 마음 씀씀이가 드러난다.

이처럼 같은 의미를 전달한다 할지라도 말씨에 따라 받아들이는 정도가 크게 달라진다. 상대방의 마음을 움직이고 싶다면 표현법에 주의하라! 단어를 세심하게 가려 써라. 말 한마디에 천 냥 빚도 갚는다!

02 | 프레젠테이션의 3원칙

특수한 경우가 아니면 '누구나' '매일같이' '무의식적으로' 말을 한다. 숨 쉬는 방법을 생각하지 않아도 자연스럽게 호흡이 이루어지는 것처럼, 일상생활의 말하기는 별다른 고민 없이 이루어진다.

그러나 한 번이라도 타인 앞에서 무언가를 설명해 보거나 프레젠테이션 자리에 나서게 되면 '말을 잘하고 싶은 욕구'를 절실하게 느끼기 마련이다. 말하기가 일상을 떠나 '일'이 되었을 때, '말할 줄 안다'와 '말을 잘한다' 사이의 엄청난 차이가 실감난다.

【프레젠테이션의 3원칙】

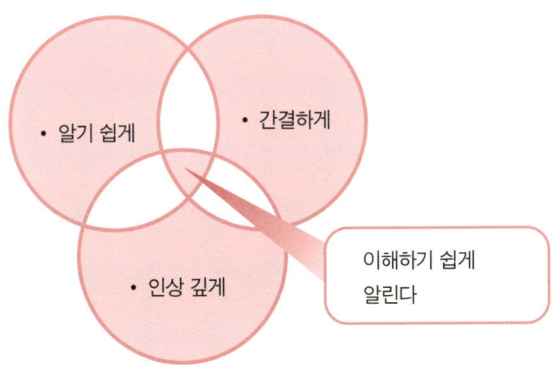

원칙 자체는 매우 단순하다. 그러나 이를 실천하기는 대단히 어렵다.

표현 수준을 한 단계 더 올리고 싶다면 '알기 쉽게, 간결하게, 인상 깊게' 표현하는 법을 익혀라. 프레젠테이션의 3원칙을 철저하게 숙지하고 끊임없이 수행하라.

1) 알기 쉽게

'알기 쉽게' 표현하는 것은 프레젠터의 사명이다.

잘 아는 이야기를 들으면 누구나 즐거워진다. 미처 몰랐던 점을 알게 된다거나 마음이 찡한 감동을 받으면 이야기를 들려준 사람에게 감사한 마음마저 든다.

그물이 삼천 코라도 벼리가 으뜸이라!

'그물이 아무리 커도 그물을 당기는 벼리가 제일 중요하다.'는 말이다. '벼리'는 그물 가장자리의 굵은 밧줄이다. 그물을 얽어맨 모든 줄이 벼리와 연결돼 벼리만 잡아당기면 그물이 알아서 오므라든다.

프레젠테이션의 3원칙은 '벼리'에 해당된다. 성공 프레젠테이션을 위해 '알기 쉽게, 간결하게, 인상 깊게' 3원칙의 벼리를 꽉 잡아라.

'알기 쉽게 표현하는 것은 하나의 미덕이다.'라는 말이 있다.

많은 사람들이 단상에 오르면 평소에 쓰지 않던 어려운 말을 사용 한다. '남에게 바보취급 당하기 싫은' 마음 때문이다. 그러나 쓸데없이 어려운 말을 쓰는 사람이야말로 바보 중에 바보다. 어려운 전문용어를 잔뜩 늘어놓으며 뿌듯해하는 사람을 불쌍히 여기자. 어려운 것을 알기 쉽게 말하는 사람이야말로 똑똑한 인재다.

청중이 이해하기 쉽게 말하라. 어려운 내용일수록 쉽게 말하라. 쉬운 말만 쓴다고 해서 절대 가벼이 보이지 않는다. 쉽게 말하려고 애를 쓰다보면 '쉽게 말하기'의 장점을 깨닫는다.

그럼 알기 쉬운 표현을 위한 포인트를 소개하겠다.

① 일목요연하게

알기 쉽다는 것은 한 마디로 '일목요연하다'는 말이다.

발표하는 동안 화제가 마구 뒤엉키고 분산되어 무엇이 어디로 연결되는지 알 수 없다면 청중은 혼란에 빠진다. 길을 잃으면 누구나 당황한다. 그러나 계속해서 걷다 우연히 알고 있는 길이 다시 나오면 '그랬군. 이 길이 여기로 연결되어 있었네.' 하고 자신의 현재 위치를 파악한다.

화제를 꺼낼 때마다 주제와의 연결고리를 확실하게 하라. 지금 이야기하고 있는 것이 어느 항목과 연결되는지를 명확하게 한다. 처음에 아웃라인을 미리 제시해 두고, 필요에 따라 어느 항목을 이야기하고 있는지 되짚어 보는 것도 좋다.

> (1) 시스템의 현황
> (2) 시스템의 문제점 분석
>   가) 구조가 복잡하다
>   나) 분류 기준이 애매하다
>   다) ······
> (3) 해결방법

상기와 같이 아우트라인을 제시했다면

"지금까지 말씀드린 것은 시스템의 문제점 두 번째 항목, '애매한 분류 기준'이었습니다."

하고 전체와 부분의 관계를 명시한다.

② 이유·근거를 제시한다

모든 제안(주장)에는 뒷받침되는 근거가 있어야 한다. 근거가 없는 주장은 설득력을 얻지 못한다.

우선 첫머리에서 무엇을 말하고자 하는지 주제를 명시한다. 배경 설명은 그 다음이다. 생선의 가운데 토막부터 내밀어라.

두 번째로, 그러한 주장을 하게 된 근거를 제시하라. 근거가 적절하여 전후 사정이 맞아떨어지면 내용 파악이 쉽다. 논리가 정연하면 알기 쉬운 이야기가 된다.

근거가 빈약하면 주장을 지탱하기 위해 장황하게 떠들 수밖에 없다. 얘기가 장황해지면 설득은 둘째 치고 무슨 이야기인지 알기가 힘들어진다.

"우리 회사도 플렉스타임제(Flex-time制, 출퇴근 시간을 융통성 있게 운용하는 제도)를 도입하면 어떨까요?"

아무개가 이런 제안을 했다고 하자. 이유를 물어보니 이렇게 대답한다.

"다른 회사에서도 하고 있습니다."

"출퇴근 시간이 자유로우면 능률이 오르지 않을까요?"

이러한 답변이 근거가 될 수 있을까?

이 얘기를 들은 상사는 이렇게 얘기할 것이다.

"다른 회사에서도 하고 있기 때문이라고? 그렇다고 우리까지 따라할 필요가 뭐 있나?"

"나는 우리 회사 직원들이 출퇴근 시간이 자유롭다고 더 열심히 일할 것 같진 않네."

만약 아무개가 자신의 주장에 대해 적절한 근거를 댔다면 결과는 크게 달랐을 것이다. 이럴 땐 최소한 플렉스타임제를 도입한 회사들이 얻은 긍정적인 효과를 사례로 들고, 자사의 수익 증대에 어떤 이득을 가져올 것인가를 얘기했어야 한다.

순간적인 착상에 휘둘려 성급하게 입 밖에 내지 말자. 어떤 아이디어가 떠올랐다면, 그것이 아무리 근사한 것이라 해도, 우선 멈추고 그 근거를 추출해야 한다. 일명 아이디어 뱅크라고 불리던 사람들이 설득에 실패해 쓴잔을 들이키는 모습을 나는 많이 보아왔다.

③ 숫자로 보여줘라

고용 대책에 관한 회의 중 실업률 실태현황에 대해 발표하게 되었다. 다음 두 가지 설명 중 어느 쪽이 더 실감이 나는가?

[설명 1]

"실업률이 갈수록 늘고 있습니다. 거의 10년 가까이 실업률이 떨어진 적이 없습니다. 참으로 심각한 일입니다."

[설명 2]

"올해 실업률은 5.5%입니다. 본래 2%대였던 실업률이 증가세를 보이기 시작한 것은 7년 전부터입니다. 7년 전에 3%, 4년 전에 4%였던 것이 작년에 5%까지 올랐고, 올해엔 5%를 넘었습니다. 스무 명 중 한 명 이상은 실업자라는 얘기가 됩니다."

'설명 1'보다 '설명 2'가 실업자 증가 실태를 훨씬 실감나게 전해준다.

숫자 역시 표현의 한 방법이다. 근거를 숫자로 제시하는 것만큼 명확하게 이해를 돕는 건 없다. 수치와 통계만으로도 알기 쉽고 피부에 와 닿는 표현이 된다. 이후에 본격적인 제안으로 들어가면 앞뒤가 잘 맞아떨어진다. 그렇다고 무작정 숫자를 들이밀어서는 안 된다. 숫자로 보여주는 것에도 요령이 있다.

"인천 앞바다에 유조선이 좌초, 침몰하였습니다. 유출된 원유의 양이 1,550만 킬로리터라고 합니다."

분명 숫자로 표현했음에도 실감이 나지 않는다.

"인천 앞바다에서 유조선이 사고로 가라앉았습니다. 유출된 원유의 양이 무려 1,550만 킬로리터인데, 이것은 실내 수영장 5개를 채울 수 있는 양입니다."

이렇게 크기·양을 가늠하기 힘든 수치를 일상적인 사물에 빗대 표현하면 이미지를 쉽게 떠올릴 수 있다. 머릿속에 그림이 그려지게 설명하면 이해하기가 쉽다.

사례 생계와 개발에 밀려 중남미 산림의 황폐화가 가속되고 있다
'지구의 심장'으로 불리는 브라질 아마존 강 유역에서 5년 만에 최고비율로 열대우림이 무참히 잘려나갔다. 브라질 정부의 위성측정 결과, 무려 2,500여 km^2가 1년 사이 초토화된 것으로 나타났다. 이는 아마존 전체 면적의 0.56%에 해당하는 것으로, 제주도의 1.5배 크기이다.

— 모 일간지 기사

④ 구체적인 사례를 든다

추상적인 표현, 범위가 넓은 개념, 막연한 설명은 이해하기 어렵다. 이미지를 떠올릴 수 없기 때문이다.

"직원의 태도와 관련된 문제로 클레임이 많다는 것은 친절하게 고객을 대하지 않았기 때문입니다. 아무리 작은 일이라도 진실한 마음과 성의를 다하여 임해 주십시오."

조례에서 이런 이야기를 들었다 한들 무엇을 어떻게 해야 할지 전혀 파악이 안 된다. 비슷한 예로 기업에서 자주 사용하는 '의식 개혁'이라는 말이 있다. 이렇게 모호한 말로는 동기를 유발할 수 없다.

사례 어느 한 구청에서 여성 계장이 창구 담당 직원을 대상으로 한 '고객 접대 연수'를 실시하고 싶다고 제안했다. 그녀는 이런 이야기를 했다.

"저는 사람을 인상만으로 판단할 수 없다는 것을 최근 뼈저리게 경험했습니다.

1개월 전에 복지 사무과의 계장을 담당하게 되었습니다. 업무를 맡은 지 얼마 되지 않아 할머니 한 분이 구석자리에 줄곧 앉아 계신다는 것을 알았습니다. 그것도 매일같이 찾아와 정중히 인사를 한 뒤 의자에 앉아 있다 가셨습니다. 점심시간이 되면 가지고 온 종이 가방에서 빵을 꺼내 드실 뿐 내내 조용히 앉아 있다 오후 세 시 반쯤 되면 정중히 인사를 하고 가만히 돌아가곤 했습니다.

하루는 가까이에 있는 직원에게 그 할머니에 대해 물었습니다.

"저 할머니 머리가 좀 이상해요. '무슨 일이세요? 왜 그러세요?' 하고 암만 물어도 대답도 없이 그저 고개만 흔드신다고요. 별 일 없이 점잖으시니까 그냥 내버려두고 있습니다."

하지만 제가 보기엔 머리가 이상한 사람 같지 않았습니다. 그렇다고 복지 사무소에 도움을 청하려고 한다거나 말하기 어려운 사정이 있는 사람처럼 보이지도 않았습니다.

점심시간에 할머니와 함께 차라도 마실까 해 다가가서 말을 걸어 보았습니다.

"할머니, 안 추우세요?"

"괜찮아요."

"차 좀 드세요."

"고마워요."

할머니는 정중하게 인사를 하시고는 차를 맛있게 드셨습니다. 그러나 고맙다는 말 외에는 입을 떼시지는 않았습니다.

그로부터 3주 정도 지난 어느 일요일이었습니다. 바람도 강하고 유달리 추운 날이었습니다. 자전거를 타고 공원 앞을 지나가는데, 벤치에 할머니 한 분이 빵을 들고 앉아 있는 모습이 눈에 들어왔습니다. 혹시 매일 복지 사무소로 오시는 그 할머니가 아닐까 해서 다가가보니 역시 그 분이었습니다.

"할머니 안녕하세요. 이 근처에 사세요?"

"예."

"안 추우세요?"

"예, 춥지요. 그렇지만 복지 사무소가 쉴 때는 갈 곳이 여기밖에 없어서……."

"네에. 그럼 휴일엔 언제나 이곳에……?"

"예. 복지 사무소에 있게 해주셔서 항상 고맙습니다."

"아뇨, 별 말씀을요. 그렇지만 가만히 앉아만 계시면 심심하지 않으세요?"

"아니요. 저는 점심시간 동안만이라도 며느리가 집 안에서 자유롭게 지내게 해주고 싶을 뿐이에요."

"예?"

"집이 좁거든요. 며느리하고 시어머니가 하루 종일 집에 있으면 답답하잖아요. 게다가 지금 며느리가 홀몸이 아니라, 낮잠이라도 편하게 자게 해주고 싶었어요. 제가 있으면 아무래도 신경이 쓰이니까. 그래서 늘 폐를 끼치는 것이랍니다."

"그러셨군요."

전 그때 할머니 한 분에게도 여러 가지 사정이 있다는 걸 알았습니다. 보기만 해서는 잘 모르죠. 만약 그 분의 사정을 좀 더 빨리 알았더라면 다른 장소를 소개해드렸을 텐데, 조금 유감스러웠습니다.

창구에는 다양한 사람들이 옵니다. 구청을 방문하는 한 사람 한 사람에게 먼저 한 발 다가가서 맞이할 필요성을 느꼈습니다. 사람을 겉모습만으로 판단하지 않고 대할 수 있도록, 전 창구 직원을 대상으로 접대 연수를 제안합니다.

요점이 명확하게 잡히지 않는 추상적인 제안을 할 때는 적절한 실례를 함께 들어 줘야 한다. 언뜻 이해가 되지 않는 제안이라도 '예를 들어 이런 일이 있었다'는 예시와 함께 설명하면 이해하기가 쉽다.

위의 사례와 같은 직접적인 체험담은 실감을 더해줄 뿐 아니라 청중의 마음을 잡아끄는 힘이 있다.

훌륭한 프레젠터는 평소에도 주위를 주의 깊게 관찰한다. 주변에서 들려오는 경험담을 흘려듣는 법이 없으며 책과 뉴스 등을 통해 끊임없이 정보를 수집한다.

직·간접적인 경험치를 최대한 늘려라. 풍부한 경험을 바탕으로 모호한 개념을 구체적인 실례로 바꿔라.

⑤ 상대방에게 통하는 단어를 사용한다

외래어가 범람하는 시대다.

전문 용어의 대부분이 외래어 혹은 외국어다. 전 국민을 대상으로 삼는 CF나 텔레비전 방송에서도 정체불명의 외국산 단어가 툭툭 튀어나온다. 이래서야 '0세부터 100세까지' 보는 방송이라는 말이 무색할 지경이다.

알기 쉽게 설명하고 싶다면 우선 쉬운 단어를 사용하라. 상대방이 아는 단어를 사용하라.

> 정부 소유 은행의 민영화 추진과 공적자금 회수 극대화 문제

한때 매스컴을 떠들썩하게 한 이슈다. 한자투성이라 얼른 이해하기 어렵다.

위의 말을 알기 쉬운 표현으로 바꾸면 다음과 같다.

> 은행 경영을 민간인에게 맡기고
> 그간 투입된 국민의 세금을 최대한 회수하는 문제

길이는 더 늘어났지만 이전보다 이해하기가 훨씬 쉽다. 뜻을 짐작하기 어려운 한자는 풀어쓰고 전문용어는 일상어로 바꿔라.

외래어는 어떻게 다루어야 할까?

예전에 주목받았던 투자신탁의 경우를 예로 들어보자.

첫 번째로 부딪치게 되는 단어로 '포트폴리오 운용'이라는 말이 있다.

'포트폴리오(Portfolio)'란 간단하게 말해 분산 투자를 통해 위험부담을 줄이는 것을 말한다. 우리말로 표현할 수 있는 부분은 가능한 한 그렇게 한다.

> 포트폴리오 운용 ➡ 다양한 투자 대상에 자금을 분산 투자해 운용

"실버 에이지(Silver age)의 어메니티 라이프(Amenity Life)를 서포트(Support)해야 한다."

프레젠터의 입에서 이런 외래어투성이 말이 나올 리 없겠지만, 자신의 영어 실력을 뽐내려는 일부 사람들은 왕왕 이렇게 말한다. 저 복잡한 말은 다음과 같이 간단하게 표현될 수 있다.

> 노인들이 쾌적하게 지낼 수 있도록 도와야 한다.

우리말로 명쾌하게 표현할 수 있는데도 일부러 외래어를 사용해 지식수준을 뽐내는 것은 실로 가여운 일이다. 헛바람 지식으로는 아무것도 못한다. 지식이 알차게 들어선 사람은 말본새만 보아도 알 수 있다. 말을 쉽게 고르려고 애쓰는 것만으로도 큰 공부가 된다.

이상 '알기 쉽게' 표현하는 다섯 가지 포인트를 설명했다.
소니(Sony)의 전 최고경영자 이데이 노부유키는 다음과 같은 지적을 한 바 있다.
"학자는 본디 알기 쉬운 것을 어렵게 표현한다지만, 비즈니스에 종사하는 사람은 그래선 안 됩니다. 어려운 것도 알기 쉽게 말해야 합니다. 1, 2, 3 하고 우선순위를 매겨 누구라도 명확하게 이해할 수 있도록 하십시오."
또 세계적인 소매회사 이토요카도(Ito-Yokado)의 창업자인 이토 마사토는 이런 말을 남겼다.
"어려운 말을 하는 사람은 아무것도 모르는 거다."

> 배가 암초를 피하여 나아가듯 어려운 단어를 피하라!
> 문장은 단어의 선택으로 결정된다. 평소에 쓰지 않는 말이나 동료들끼리만 통하는 용어는 배가 암초를 피하듯 피해야 한다.
>
> – 율리우스 카이사르

2) 간결하게

프레젠테이션의 3원칙 중간에 위치하는 '간결하게'는 '알기 쉽게'와 '인상 깊게'의 사이를 이어주는 다리 역할로도 이해할 수 있다. 그러나 3원칙은 각각 독립된 것이다.

'간결하게'는 간단하게 요약하라는 표현이지만, '간단하고 짧은 표현'은 아니다. 포인트는 '요약된 표현'에 있다.

'필요한 것은 빠짐없이 챙기고, 필요없는 것은 과감하게 생략!' 이것이 핵심이다. 무조건 짧게 이야기하라는 말로 받아들여선 안 된다.

무엇이 꼭 필요한지 간추려 적합한 단어로 표현하라. 이것만으로도 생각이 명료해지고 탄력 있는 표현이 된다.

간결한 표현은 잘 단련된 육체와 같다. 불필요한 지방을 없애면 탄력 있는 근육이 생겨난다.

길고 지루한 프레젠테이션은 요점이 무엇인지 알아내기가 수고스럽다. 결국에는 듣고 있는 것 자체가 귀찮아진다.

간결하게 말하기 위한 요점을 살펴보자.

① **주제는 한 줄로 요약한다**

주제란 화자가 하고 싶은 이야기이다. 이것을 한 줄로 요약할 수 있어야 한다.

주제가 명확하게 잡히지 않은 상태에서 이야기를 꺼내면 무엇을 말하고 싶은지 골격이 파악되지 않는다. 뼈대가 없는 이야기는 전체적으로 애매모호하고 흐리멍덩한 내용이 되어버린다.

주제를 한 줄로 요약하는 것부터 시작하자.

'2장 4. 프레젠테이션은 어떻게 짜일까?'에 나왔던 두 가지 사례를 통해 기억을 되짚어 보자.

> 현재 회의 중 반은 쓸모가 없다

이렇게 하고 싶은 말을 한 줄로 잘라 말하자. 주제가 한 줄로 요약됨으로써 회의를 반으로 줄이자는 제안이 탄생했다.

이제 왜 쓸모가 없는지 근거를 제시하고 논증을 해야 한다. 이때 그 동안 회의를 하며 보고 느낀 경험적 사실을 순차적으로 배열하면 간결하고 강한 표현이 된다.

공동 체육관과 관련된 사례의 주제는 다음과 같다.

> 고객의 클레임은 새로운 착안을 만들어 내는 귀중한 정보다

혹은 더욱 짧게

> 클레임은 귀중한 정보원이다

이때는 돌발적으로 들어온 클레임이 '문제점의 발견과 개선'으로 이어진 실례를 들어 증명할 수 있다.

바로 앞항에서 인용한 '여성 계장 이야기'의 주제는 무엇인가? 한 줄로 요약해보자.

> 시민의 마음과 고충을 헤아려야 한다.

무엇이든 좋다. 주변에서 일어난 일, 뉴스, 방송 드라마 등에서 한 줄짜리 주제를 집어내는 연습을 해보자. 처음엔 시간이 걸리겠지만 익숙해지면 핵심을 재빨리 파악할 수 있게 된다.

주제를 집어내는 연습을 하기엔 신문 기사가 가장 요긴하다. 기사의 제목이 바로 '주제'다. 제목에서 흥미를 끌지 못하면 기사 자체가 읽히지 않는다. 제목과 내용이 어떻게 연결되어 있는지 유심히 살펴보자. 흥미 있는 제목은 어떤 특성을 가지고 있는지, 읽고 싶은 마음

이 들지 않는 제목에는 어떠한 점이 있는지 살펴본다. 제목을 가리고 먼저 기사를 읽은 뒤 주제를 유추해보는 것도 좋다. 스스로 요약한 것과 실제 제목과 비교하면 주제를 짚어내는 능력이 어느 정도인지 가늠해 볼 수 있다.

② 쓸모없는 것은 생략한다

군살을 버리고 날씬한 몸매로 만들어라. 다음은 무조건 없애라.

- 없어도 되는 것 - 중복된 표현, 반복되는 말, 문장마다 등장하는 주어
- 없는 편이 좋은 것 - 과장된 표현, 화려한 수사, 과도한 비주얼 자료
- 있으면 방해되는 것 - 어울리지 않는 인용문과 비주얼 자료

위 세 가지는 무조건 없애라. 아까워할 필요 없다.

첫 번째, 서두는 간략하게

청중의 수요를 장황하게 분석하지 마라. 꼭 필요한 경우라도 30초 이상을 넘어가면 안 된다.

대부분의 경우 프레젠테이션에 참여하는 청중은 자신들이 원하는 것이 무엇인지 이미 알고 있다. 이미 알고 있는 것을 또다시 반복할 필요는 없다.

두 번째, 접속사는 되도록 쓰지 않는다.

특히 '그러니까', '즉'과 같은 접속사는 남발하지 말자. 이러한 접속사는 준비 부족으로 내용을 제대로 소화하지 못했을 때 잘 튀어나온다.

허술한 준비로 발표를 하면 적절한 단어가 떠오르지 않아 주제를 제대로 표현하기 어려워진다. 제대로 표현할 수 없어 답답증을 느끼는 순간 여유와 자신감이 사라지고 허둥지둥하게 된다. 이를 눈치챈 청중도 불편한 낌새를 보이기 시작하고, 상황은 더욱 나빠진다.

"에……그러니까……"

"그러니까 말씀입니다만……"

입에서 이런 말이 반복적으로 나와서는 안 된다. 의미 없는 단어를 여러 번 사용하게 되면 발표 역시 매끄럽게 진행되지 않는다. 청중을 지루하게 하지 마라.

준비는 길게 이야기는 짧게!

세 번째, 변명은 절대 하지 않는다.

"프레젠테이션에는 사실 자신이 없습니다. 단지 평소에 하는 설계에 관한 내용이라, 이거라면 저도 이야기할 수 있을 것 같아서 이렇게 여러분 앞에 서게 된 것입니다."

이와 같은 변명은 발표에 하등 도움이 되지 않는다. 딴에는 겸손하게 보이고 싶었겠지만 절대적으로 아무 효과 없다. 겸손도 타이밍이 중요하다. 당당하고 자신감 있게 주장해야 할 때 겸손하게 군다는 것은 코미디이다.

"설계는 제 전문 분야입니다. 여러분께 확실히 도움이 될 만한 이야기를 하고자 합니다."

이렇게 긍정적인 방향으로 짤막하게 언급하는 정도가 좋다.

【버려야 할 표현】
- "잘 모르겠습니다만"
- "아마, 이렇지 않을까 생각됩니다만"
- "그리 큰일은 아니라고 생각합니다만"
- "~한 것 같습니다만"

위와 같은 말은 단순히 불필요한 정도가 아니라, 청중을 불안에 휩싸이게 한다.

③ 문장을 짧게 한다

오후 여섯 시 반까지 방문한 고객에게는 반액 세일을 하는 초밥 전문점이 있다. 어떻게 '반액 세일'이라는 과감한 서비스를 하게 되었는지 카운터에 있는 주인에게 말을 걸어 보았다.

"최근에 손님도 많이 줄고, 그나마 오시는 분들도 주로 여덟 시나 아홉 시가 돼야 오셨거든요. 게다가 요샌 초저녁부터 비가 내리는 날이 많아서, 그러면 손님들이 어디 들르지도 않고 집으로 곧바

문장 다이어트!

예전엔 두툼한 배를 '인격'이라고 불렀다. 지금은 누구나 인정하듯 '건강의 적'이다. 화려한 수사와 에둘러 말하는 것이 품위였던 시대는 지나갔다. 거추장스러운 것은 가볍게 털어내고 핵심으로 승부하라.

로 가버리니까, 그나마 있던 손님도 없게 되고…… 그럼 또 가게 문을 일찍 닫게 되니까요, 무슨 수라도 써야 할 것 같아서……."

초밥 주인은 인상이 매우 좋았는데, 말투는 마치 소가 침을 흘리듯 느릿느릿하고 요령도 없다. 그러니까 반액 세일의 목적은, 손님의 수를 늘리고 활기를 불어넣겠다는 것이다.

그렇다면 다음과 같이 얘기하면 어떨까?

【활력있게, 의지 넘치게 말하기】

"목적은 손님의 수를 늘리는 것이죠.

여섯 시 반 이전부터 충분히 손님이 들면 매상에 큰 도움이 되거든요.

원래 저희 가게는 여덟 시나 아홉 시가 되어서야 손님이 좀 오기 시작했죠. 그런데 요샌 초저녁부터 갑자기 비가 쏟아지는 날이 많아졌잖아요. 비가 내리면 대부분 퇴근하자마자 곧장 귀가를 합니다. 그럼 그날 장사는 망치는 거죠. 비가 내리기 전에 손님이 오게 하는 방법이 없을까 하다가, 반액세일을 생각해냈습니다. 요즘은 비가 내려도 가게로 뛰어 들어오시는 손님이 많아졌답니다."

먼저 결론을 언급하고, 마침표를 많이 사용해 문장을 짧게 친다. 이것만으로도 이야기의 내용이 간결해진다.

이상하게도 우리는 단정적인 말투를 피하고 싶어한다.

"그래요." 하면 될 것을 꼭 "그런 것 같아요." 하고 말한다.

또한 "~입니다." 하고 딱 잘라 말하기보다는, 한 발 물러선 듯 "~입니다만", "~이긴 하지만" 하고 말을 길게 늘어뜨린다.

일상생활에서의 이런 말버릇도 고쳐야 하지만, 프레젠테이션에서는 더더욱 써서는 안 될 표현이다.

"귀사의 문제를 검토한 바, 시스템을 말입니다, 이대로라면 좋지 못할 것이라는 점에서……"

이렇게 길게 늘어지는 문장으로 말하는 사람치고 제대로 된 제안을 하는 사람 없다.

"귀사의 문제는 충분히 검토하였습니다. 그 결과 시스템의 일부를 변경할 것을 제안합니다. 두 가지의 이유가 있습니다."

짧게, 단정적으로 말해야 한다.

제안을 할 때 한 걸음 뒤로 물러선 듯한 태도와 말투는 요령은 물론 자신감이 없는 것으로 보이게 한다. 자신감이 없는 사람의 말은 누구도 신뢰하지 않는다.

④ 이것저것 포함시키지 않는다

프레젠테이션에 익숙해지기 전까지는, 혹시나 하는 마음에 이것저것 자료를 과다하게 준비해 필요 없는 것까지 넣기 일쑤다.

그 결과 뼈대 없이 살만 넘치게 된다. 여행에 익숙하지 않은 사람이 가방에 이것저것 가득 담아 잔뜩 부풀어 오른 가방을 들고 다니는 것과 같다.

'만일의 경우를 대비해서.'

이런 생각으로 불필요한 것까지 담아내는 것은 초보자의 행동이다. 여행에 익숙한 사람은 가볍게 챙기면서도 유사시에 대비하는 방법을 알고 있다.

프레젠테이션의 경우 어떤 정보가 필요한지 불필요한지는 청중에게 초점을 맞춰 판단해야 한다. 많은 자료를 준비했다고 해서 그 노고나 성실함에 감격할 청중은 없다. 따로 문서자료를 준비해 이야기하며 배부하는 것도 피하는 게 좋다. 연속해서 배부되는 자료에 청중은 정신을 빼앗긴다. 결국 제일 중요한 발표를 듣지 못하게 된다.

정 걱정스럽다면 안건에 대한 보조 자료를 따로 준비하라. 그러나 현장에서 냉정하게 판단했을 때 필요가 없다면 아예 꺼내지도 말자.

간결한 표현이란 필요한 것은 빠짐없이 하되 불필요한 것은 모두 생략하는 것이다.

⑤ 정확한 말로 요점을 강조한다

군살을 제거하는 대신 다음의 항목은 확실하게 짚는다.

【콕 집어줘야 할 것】
- 요점
- 중요 항목
- 강조 사항

위 세 가지는 한마디로 '생략하면 내용 자체의 의미가 없어져버리는 핵심'이다.

'요점'을 적합하게 표현하는 것이 간결함의 핵심이다.

○○○ 출판사를 찾아오려면, 지하철 5호선을 타고 공덕역에서 내려 3번 출구로 나온다. 다른 출구로 나오면 찾아오기 힘들며 길을 헤매는 일이 많다. 이런 경우는 바로 3번 출구가 '요점'이다.

요점을 빠뜨리면 이야기가 길을 잃게 되고 청중은 혼란스러워 한다. 그러나 요점을 언급했다고 해도 다음과 같이 말하는 것은 곤란하다.

"지하철 5호선 공덕역에서 중앙 출구로 나오시면 왼쪽이 3번, 오른쪽이 4번 출구입니다. 왼쪽으로 올라오기 전에 미용실을 지나 좌회전을 해야 3번 출구인데, 거기로 올라오신 후에 오른쪽은 호텔이 보이고 왼쪽엔 ○○ 빌딩이 보입니다."

3번 출구 외에 다른 출구들까지 언급하는 바람에 자세히 설명했음에도 헷갈린다. 불필요한 것을 언급해 요점이 강조되지 않았기 때문이다.

"지하철 5호선 공덕역에 내리셔서 지하 1층으로 나오세요. 왼쪽에 3번 출구가 있습니다. 3번 출구로 나오셔서 좌회전하시면 됩니다."

3번 출구를 집중적으로 언급했을 뿐 그 외는 전혀 다루지 않았다. 요점에 말을 집중시키는 것이 간결하게 말하는 요령이다.

요점을 강조하려면 그 요점을 나타내는 데 꼭 맞는 단어가 필요하다. 정확한 언어를 사용해야 의미가 바로 전달된다. 승용차를 표현하는데 그냥 '굴러가는 것', '바퀴가 네 개인 자동차', '작은 자동차'라고 하면 틀린 말은 아니지만 승용차를 바로 떠올릴 수는 없다. 정확하고 꼭 알맞은 단어를 선택하면 표현의 간결함은 빛을 발하게 된다.

개가 짖는다고 해서 용하다고 볼 수 없고
사람이 지껄인다고 해서 영리하다고 볼 수 없다.
- 장자

군더더기 없이 깔끔하면서도 명쾌한 비유가 통쾌한 글이다. 짧지만 많은 것을 생각하게 하는 말이다. 만약 개 대신 고양이나 다른 동물을 넣는다면 이만큼 재미난 표현이 될 것 같지 않다. '지껄인다'는 표현을 그냥 '말한다'로 바꾸면 어떨까? 폐부를 찌르는 듯한 힘이 약화될 것이다. 이처럼 대부분의 속담이나 명언은 짧지만 꼭 알맞은 표현을 쓰고 있다.

"효율적인 시스템의 정착으로 과거에 비해 불합리한 처사가 많이 줄어들었다고 하지만, 아직도 경영진의 늑장 대응 탓에 결정타를 입는 기업들이 많습니다. '생선은 머리부터 썩는다'라는 속담 그대로입니다. 알아챘을 때는 이미 늦습니다."

한 위기 관리 세미나에서 발표한 사람의 말이다. 둘러대지 않고 단도직입적으로 들어간 도입부가 훌륭했다. 그 중에서도 '생선은 머리부터 썩는다'는 말 한마디로 핵심을 찔렀다. 그는 결론을 이렇게 맺었다.

"피터 드러커도 '중요한 것은 불가능한 것에 있지 않고 가능한 것에 있다'고 했습니다. 가능한 것, 즉 새롭게 제안해드린 인사 제도를 꼭 검토해 주시기 바랍니다."

마지막에 유명한 경영자의 말을 근거로 들어 다시 한 번 주장을 강조한 것도 매우 효과적인 방법이었다.

'간결함'에 대해 두 가지 정도 보충하고 싶다.

첫째 '빙빙 둘러대는 말투'를 버려라.

원인은 두 가지다. 하나는 스스로도 하고 싶은 말이 뭔지 확실하지 않기 때문이다. 표현은 생각이 명확해졌을 때 간결해진다. 또 다른 이유는 생각은 명료하지만 신중한 성격 때문에 에둘러 표현하게 되는 경우이다. 이는 평소 버릇이 프레젠테이션 현장에서도 그대로 표출된 경우이다.

둘째 '탈선'을 조심하라.

여기에도 고의로 하는 경우와 자신도 모르는 사이 그렇게 되는 경우가 있다.

청중이 슬슬 지겨워하기 시작할 무렵 이대로 진행하다가는 청중과의 거리가 멀어질 것이라는 판단이 섰을 때 '탈선'을 감행한다. 본론과 관계가 없는 색다른 이야기로 분위기를 전환한다.

"여러분, 식스 포켓이라는 단어를 아십니까? 한 명의 아기가 태어나면, 아기의 부모와 그 부모의 부모들을 포함한 여섯 명의 주머니에서 돈이 나온다는 뜻이지요. 아이를 키우는 데 필요한 물건들을 구입하기 위해서 말입니다. 한 명의 아기가 만들어내는 소비의 파급 효과가 대단하지 않습니까?"

잠깐 삼천포로 빠져 청중에게 숨 쉴 틈을 준다. 이 덕분에 청중은 다시 프레젠테이션에 집중할 수 있게 된다.

문제는 자신도 모르는 사이에 탈선하는 버릇이다.

프레젠테이션을 진행하다 불현듯 본론과 무관한 이야기가 머리에 떠올랐다. 갑자기 그 아이디어에 마음이 빼앗긴 프레젠터는 요점이고 뭐고 수다스러워지기 시작한다. 위험한 탈선이 시작되는 것이다. 이런 종류의 탈선은 주의하자. 미처 모르는 사이 옆길로 샜다고 해도 재빨리 본론으로 돌아오는 기지를 발휘할 줄 알아야 한다.

3) 인상 깊게

인간은 끊임없이 무언가를 생각하고 느끼면서 살아간다. 표현의 관점에서 '느낀다'는 활동은 매우 중요하다.

'알기 쉽게', '간결하게'라는 원칙은 생각과 이해하는 활동이 중심이었다. '인상 깊게'는 그와 달리 느낌으로 얻는 부분이 중심이다.

즉 세 가지 다 목표는 '쉽게 알린다'에 있지만, 한쪽은 논리에, 다른 한쪽은 이미지에 의한 감정의 변화에 초점을 맞추는 것이다.

'알기 쉽게'에서 설명한 원칙 중 하나인 '직접 겪은 경험을 구체적인 사례로 활용하기'는 사실 그 효과가 '인상 깊게'에 가깝다.

또한 '간결하게'의 원칙 중 하나인 '요점을 정확한 단어로 강조한다' 역시 간결함을 지향한 것이나, 동시에 떠올리기 쉬운 이미지로 직감적으로 이해시킨다는 효과도 있다.

프레젠테이션의 3원칙은 각각이 독립된 원칙이면서도 서로 겹쳐지는 부분도 있는 것이다.

① 감정을 실어 생기 있게 이야기한다

순수한 이론만으로 상대방의 감정을 움직이는 일이 불가능한 것만은 아니다.

흠 잡을 데 없이 너무나도 훌륭한 이론 역시 감동을 준다.

하지만 '인상 깊게' 이야기한다는 것은 이론적인 접근 영역의 바깥에 있다고 보는 것이 맞다.

상대방의 감정에 영향을 미치기 위해서는 프레젠터가 먼저 감정을 갖는 것이 기본이다. 이 점을 명심하고 다음의 글을 살펴보자.

사례 어느 목사의 이야기다.

설교가 어찌나 단조로운지 그 목사가 단상에 오르면 얼마 안 가 대부분의 신자들이 꾸벅꾸벅 졸기 일쑤였다. 그러나 그는 "난 말재주가 없어서……." 하고 자포자기했다.

어느 일요일, 목사는 언제나처럼 담담한 어조로 설교하고 있었다. 신자들이 하나 둘 슬슬 졸기 시작할 무렵이었다. 갑자기 그의 머릿속에 전날 텔레비전 뉴스에서 본 어떤 장면이 번쩍 떠올랐다.

"여러분 보셨습니까? 어제 유치원에서 일어난 비참한 사건을!"

평소와 달리 우렁차게 터져 나오는 목사의 말에 깜짝 놀란 신자들이 그를 주목했다.

"한 할머님께서 깃발을 들고 유치원생들이 길을 건너도록 인도하고 있었답니다. 아이들은 재잘재잘 웃고 떠들며 도로를 건넜고요. 그런데 갑자기 트럭이 돌진해온 것입니다. 순식간에 아이들이 하늘로 날아오르고, 사방 천지가 피바다가 되었습니다. 천국이 한순간에 지옥으로 돌변한 것입니다. 도대체 이런 비참하고 잔인한 일이 어디 있습니까!"

목사는 노여움에 몸을 떨었다. 그의 목소리는 격앙되어 있었다. 허공을 치는 그의 주먹에도 힘이 들어갔다. 전혀 다른 사람 같은 모습이었다. 신자들은 모두 잠에서 깨어 목사의 설교에 주목하기 시작했다.

그 후 목사의 설교에는 힘이 들어가게 되었다. 설교 시간마다 조는 사람도 없었다.

후일 목사는 이렇게 말했다고 한다.

"그때 알았습니다. 제 이야기에 뭐가 빠져 있었는지."

그동안 목사의 설교에는 감정이 빠져 있었다. 그러나 전날의 노여움이 갑자기 북받쳐 올라 이야기에 열의가 실리자 신자들의 태도가 달라졌다. 그들은 전에 없이 목사의 설교에 집중하고 감동을 느꼈다.

음식에 여러 가지 맛 ― 단맛·쓴맛·짠맛·매운맛·떫은 맛 등등 ― 이 있듯 이야기에도 다양한 감정 ― 기쁨·슬픔·노여움·재미·불쾌 등등 ― 이 실려 있다. 이야기 속 감정을 제대로 살리지 못하면 이야기는 지루하고 밋밋해진다. 그런 이야기로는 누구에게도 영향력을 끼칠 수 없다. 맛없는 음식보다 아무 맛도 나지 않는 음식이 훨씬 끔찍한 법이다.

이론적으로 완전무결한 이야기보다, 감동적인 이야기가 더 기억에 남는다. 인상적이고 기억에 남는 이야기라야 행동하게 만들 수 있다.

청중이 감동을 느끼게 하려면 어떻게 해야 할까? 화자가 '먼저' 몰입해야 한다.

단, 프레젠터는 어디까지나 이야기를 전달하는 사람이므로 절제가 필요하다. 이야기 속에 완전히 녹아들어가되, 청중 앞에 섰을 때는 거기서 빠져나와야 한다. 프레젠테이션 현장에서는 자신이 느꼈던 감정을 음미하면서 발표의 목적에 맞춰서 이야기하자. 강한 감정일수록 한편으로는 분출시키고 한편으로는 억누르기도 하는 균형감각이 요구된다. 억누르면서도 넘쳐나는 감정이어야 청중의 마음에 거부감을 주지 않으면서 강한 영향을 끼친다.

감정 표현에 능숙한 대표적인 사람들이 아마 배우일 것이다. 훌륭한 배우는 시나리오나 대본을 보고 자신이 맡은 인물과 완전히 '일체화'된다. 연기를 정말 잘하는 배우는 '연기가 뛰어나다'는 인상조차 주지 않는다. 배우는 곧 캐릭터가 되고, 관객은 캐릭터의 이야기에 빠져 울고 웃는다.

하지만 평범한 사람들로서는 감정이입이 항상 자유로울 수가 없다. 감정을 불어넣어야 하는 상황인데 아무래도 마음속에 느껴지는 바가 없을 때도 있다. 흥이 나서 해야 하는데 간밤의 집안 일이 마음을 무겁게 짓누를 수도, 진지한 태도로 임해야 하는데 우스꽝스러웠던 사건이 자꾸 떠올라 웃음을 참기 어려울 수도 있다.

자, 심호흡을 하고 당신이 풀어야 할 이야기에 집중하자. 처음부터 쉬운 일은 없다. 당신이 어렵게 느끼는 일은 다른 사람들에게도 마찬가지로 어렵다. 그러나 꾸준히 노력하는 사람과 그렇지 않은 사람은 분명히 다르다. 이야기를 몸으로 실어 날라라.

② 이미지가 떠오르도록 이야기한다

청중의 머릿속에 장면이 생생하게 떠오르도록 얘기하라. 그야말로 '눈에 선하게' 그려내는 사람일수록 훌륭한 이야기꾼이다.

눈앞에 이미지가 그려지는 이야기는 청중의 마음에 깊은 인상을 남긴다. 하나의 분명한 이미지가 열 마디 스무 마디의 설명보다 훨씬 많은 것을 던져준다.

첫째 이미지가 떠오르도록 표현하려면 프레젠터가 먼저 머릿속에 선명한 그림을 그려야 한다.

이야기를 관념적인 상태로 방치하면 말이 입안에서 맴돌기만 할 뿐 쉽사리 풀려나오질 않는다. 어쩌다 얘기가 나온다 해도 뜬구름 잡는 소리가 될 뿐이다. 이야기를 하기 전에 구체적이고 선명하게 윤곽을 잡아라. 눈을 감고 머릿속에 그림을 그려라. 구체적으로 연상하라.

둘째 평소 주위에서 일어나는 일들을 관찰하는 습관을 길러야 한다. 이는 첫 번째 항목을 돕는다.

대표적인 관찰의 대가로 코난 도일의 소설 속 주인공 셜록 홈즈를 꼽을 수 있다. 그는 뛰어난 관찰력으로 수많은 미제 사건을 해결한 명탐정이다. 셜록 홈즈와 왓슨 박사가 처음 만나는 순간을 보자.

"나는 무엇이든 관찰하는 습관이 몸에 배어 있다네. 내가 자네를 처음 봤을 때 아프가니스탄에서 돌아왔느냐고 물었더니 무척 놀라더군."

왓슨 박사가 대답했다.

"누군가에게서 들었겠지."

"천만에! 관찰의 힘으로 알았을 뿐이네. 그 추리의 순서를 풀어보면 이렇게 된다네.

'여기에 의사 같은 신사가 있다. 그러나 군인냄새가 난다. 그렇다면 군의관이지.

얼굴과 손은 검게 탔지만, 와이셔츠 소매 밑의 손목은 흰 것으로 보아 열대지방에서 돌아왔을 것이다.

초췌한 얼굴로 보아 고생스러운 환경에서 중병을 앓은 모양이다.

왼팔에 부상을 입은 모양인지. 팔의 움직임이 딱딱하고 부자연스럽다.

열대 지방으로서 더구나 대영제국의 군의관이 부상을 입을 정도의 격전지는 어딘가? 아프가니스탄이 뻔하다.'
이상의 추리에 단 1초도 걸리지 않았네. 그리고 결론을 이야기하자 자네는 토끼눈이 되었던 걸세."

비록 소설이지만 놀라운 관찰력이다. 짧은 설명으로도 왓슨의 모습이 눈앞에 있는 듯 선명하게 그려진다.

세심하게 관찰하면 설명이 쉬워진다. 길을 가르쳐줄 때의 상황을 떠올려보라. 어떤 사람은 도통 알 수가 없게 길을 알려주는 반면, 어떤 사람은 눈앞에 상세한 지도가 펼쳐지듯 설명해준다. 관찰력의 차이 때문이다.

셋째 관찰한 것을 말로 표현해 본다.

지금 당신이 평소 잘 알고 지내는 사람의 모습을 다른 사람에게 설명해 보자.

생각보다 어렵지 않은지? 항상 보는 사람인데, 막상 설명하려니 뭐라고 해야 할지 막막한 사람도 있을 것이다. 혹은 자세히 설명하였음에도 상대방이 '당최 얼굴이 그려지질 않는군' 하고 투덜댈지도 모른다.

"그는 안경을 썼다. 이마가 넓은 편이고 입술이 두껍다. 눈썹이

진하다. 청바지를 즐겨 입고 구두는 3년째 같은 것만 신고 있다. 손이 남들보다 크고 어깨가 넓은데 농담을 잘한다. 목소리가 굵직하다."

사례 2 "그의 첫인상은 운동선수 같다. 어깨가 떡 벌어졌고 손도 큼직해서 악수할 때 든든한 느낌을 준다. 이마가 넓고 눈썹이 짙어 시원시원하다. 안경을 썼다. 입술이 좀 두꺼운 편이라 과묵한 인상을 주는데 의외로 농담을 잘한다. 목소리도 굵직하니 듣기 좋다. 청바지를 즐겨 입는다. 구두는 갈색의 워커로 3년째 같은 것만 신고 있다."

어느 쪽 설명이 연상하기에 더 좋은가?

[사례 1]과 [사례 2]는 같은 사람을 묘사하고 있지만 효과는 천양지차다. 언급하고 있는 요소도 거의 같다. 그런데도 [사례 1]이 묘사에 실패한 이유는 무엇일까?

일단은 순서가 뒤죽박죽이다. 얼굴을 묘사하다 신발로 갔다가 목소리 얘기를 한다. 이래서야 듣는 사람이 '눈앞에 그리기'가 힘들다. 반면 [사례 2]는 전체적인 이미지를 먼저 언급한 다음 위에서부터 아래로 그려가고 있다. 부분 부분을 언급할 때도 거기에서 느껴지는 인상을 보태 실감이 난다.

이야기를 통해 이미지를 떠오르게 할 때는 전체를 먼저, 그리고 세부적인 곳으로 들어가는 게 기본이다. 그림을 그릴 때 대강의 윤곽을 먼저 스케치하는 것과 마찬가지다.

③ 비유를 사용한다

사람을 생각하는 갈대에 비유한다.
마음을 호수에 비유한다.
입술을 붉은 장미에 비유한다.
아내는 여우에 자식들은 토끼에 비유한다.

이처럼 비유에는 사물과 사물 사이의 유사성을 통해 직감적으로 이해시키는 힘이 있다. 실생활에서 쉽게 접할 수 있는 시각적인 것일수록 이해도 빠르고 인상 깊은 표현이 된다.

'커뮤니케이션'이라고만 하면 그 의미가 막연하여 잘 와 닿지 않는다.
'말 주고받기'라고 하면 의미가 명확해지지만 여전히 모호하다.
'탁구'를 예로 들면 커뮤니케이션의 본질이 단숨에 파악된다.
주절주절 잘 떠드는 사람을 '기관총'에 비유하면 일방적인 말하기의 폐해가 바로 느껴진다.

눈에 보이지 않는 것, 이론적인 것, 개념이나 사상 같은 것들을 무엇에 비유하면 인상적일까? 평소 의식적으로 고민하고 책과 영화 등을 통해 자료를 수집하기 바란다. 훈련을 거듭해 비유의 힘을 키워라.

인상에 남는 비유를 몇 가지 소개해보겠다.

- 손은 현재이고 등은 과거, 발은 미래이다.
- 동양인의 세계는 미명의 세계이다. 서양인의 세계는 낮과 밤의 세계다. 미명에는 낮과 밤의 대립이 없다.
- 여러분의 전 재산을 금괴라고 하자. 그 금괴를 가진 곡예사가 나이아가라 폭포 위에서 외줄타기를 하고 있다. 여러분은 그 줄을 흔들며 소리를 지를 것인가, 그렇지 않으면 가만히 숨죽인 채 그가 건너오기를 기다릴 것인가?
정부는 지금 커다란 과제를 등에 업고 최선을 다하고 있다. 우리가 줄 끝에서 소리를 지르며 법석만 떨지 않는다면, 정부는 무사히 폭포를 건너 국민들 품에 금괴를 안겨줄 것이다.

마지막 것은 미국의 16대 대통령 링컨의 연설 중 일부이다.

좋은 비유나 일화를 수집해 프레젠테이션 자리에서 적극적으로 사용해 보자. 내용이 풍부해지고 호소력이 높아진다.

비유는 '설득의 무기'이다. 단, 아무리 좋은 것도 과다하게 사용하면 안 하니만 못하다. 비유를 남발하지 않도록 주의하자.

④ 고비에서 강조한다

여기서 고비란 이야기의 클라이맥스, 절정을 말한다.

고비에 이르렀을 때 강조가 부족하면 전체적으로 흐릿한 프레젠테이션이 되어버린다.

프레젠테이션은 여럿이 함께 하는 등산과 같다.

당신은 정상에 올랐는데 뒤따르던 청중들이 여전히 평지를 걷고 있다면 되겠는가?

강조할 때를 놓치면 제안의 최대 장점을 어필할 기회를 잃어버린다.

【청중을 평지에서 헤매게 하는 실수】
- 설명이 길어져 강조할 시간이 부족하다
- 담담하게 이야기하는 동안 아무도 알아채지 못하게 지나가버렸다

강조를 할 때는 제안을 도입하기 전과 후를 그래프로 나타내 비교하거나, 이미지를 이용하면 좋다. 이는 '2장 4. 프레젠테이션은 어떻게 짜일까?'에서 언급했던 '반복·대비·확대' 중 '대비'를 통한 강조에 해당된다. '반복·대비·확대'는 강조 효과를 줄 때 많이 활용된다.

- 반복 — 지식은 반복을 통해 정착된다. 두 번, 세 번 반복할수록 인상에 또렷이 각인된다.

골동품의 매력을 강조한 프레젠테이션 자리였다. 프레젠터는 추리소설의 여왕 아가사 크리스티(Agatha M. C. Christie, 1890~1976)의 말을 인용했다.

"남편을 삼는다면 고고학자가 제일이다. 아내가 오래되면 될수록 소중히 대해 주니까."

프레젠터는 이 말을 두 번 반복했다. 연장자인 경영진들 사이에서 웃음이 터져 나왔다.

일반적으로 중요한 대목, 인용구 등은 두 번 반복하여 강조하는 게 좋다.

- 대비 — 대비는 유사한 것들 사이에서 차이점을 강조해 장점을 드러내는 데 효과적이다.

턱에서 목까지 수염으로 뒤덮인 남자가 면도기를 쥐고 있다. 전기면도기 광고의 한 장면이다. 대비와 확대를 잘 조합한 예다. 상품을 광고할 때 '사용 전, 사용 후'의 변화를 비주얼로 보여주는 것도 대비의 효과를 노린 것이다.

- 확대 — 과장이라고도 한다. 강조하고 싶은 부분을 어느 정도 과장되게 표현하여 인상 깊게 하는 방법이다.

파리행 에어 프랑스 기내에서 오래된 영화를 상영하고 있었다. '노란 손수건'이었다. 줄거리는 다음과 같다.

> 장기간의 형기를 마치고 형무소를 나서는 남자가 있다. 그는 만일 아직도 자신을 잊지 않았다면 집 앞에 노란색 손수건을 매달아 달라는 편지를 아내에게 보낸다. 차를 타고 집으로 돌아가는 길. 집이 가까워질수록 남자의 마음은 불안해진다.
> 이제 와서 집으로 돌아간다니 정말 염치가 없다. 손수건 따위는 걸려 있지 않을 게다. 아니, 이미 까마득한 옛날에 다른 남자와 결혼했는지도 모른다.
> 기도하는 마음으로 집 앞으로 걸어가 얼굴을 들어보니, 수십 장이나 되는 노란색 손수건이 바람에 나부끼고 있었다.

부인은 한 장만 달아도 될 노란 손수건을 여러 장 걸어놓음으로써 자신의 절절했던 그리움을 표현했다. 그녀의 손수건은 남편의 마음뿐 아니라 관객에게도 큰 감동을 줬다.

'인상 깊게'를 정리하면서 한마디 덧붙이고자 한다.
이성이 강조되고, 감정을 겉으로 드러내는 것을 터부시한 탓인지 최근 '감정을 섞어 생기 있게' 발표하는 프레젠터가 거의 사라졌다. 무표정하게, 작은 목소리로, 담담하게 말하는 사람이 늘고 있다.

프레젠테이션 자리는 사람과 사람이 만나는 장소다. 감정을 불어넣는 일을 두려워하지 마라.

공감을 불러일으키는 프레젠테이션을 위해, '인상 깊게'의 원칙을 활용하길 바란다.

프레젠테이션의 3원칙

3원칙	포인트	표현 방법
알기 쉽게	관계를 명확히	• 전체와 부분의 개연성을 명백히 한다 • 아우트라인을 설명한다 • 추상적인 것과 구체적인 것의 관계를 명확히 한다 • 상대방의 이해 정도에 따라 이야기한다 • 사용하는 단어의 의미를 명확히 한다
간결 하게	요점을 명확히	• 주제를 한 줄로 정리한다 • 불필요한 것을 제거한다 • 문장을 짧게 친다 • 핵심을 정확한 단어로 표현한다 • 속담과 격언을 활용한다
인상 깊게	인상을 명확히	• 흥미·관심이 있는 화제를 채택한다 • 절정에서 강조한다 • 비유를 활용한다 • 이미지가 그려지도록 묘사한다 • 몸짓, 손짓, 표정을 최대한 활용해 생기 있게 이야기한다

말은 간결하게 핵심을 담아서

1776년, 미국 독립선언문 기초위원으로 임명된 제퍼슨이 초안을 작성하게 됐다. 글재주가 뛰어났던 그는 평소 자기가 쓴 글에 대해 다른 사람들이 이러쿵저러쿵하는 것을 아주 싫어했다. 하지만 대륙회의에서 그의 원고에 대한 수정을 요구하자 제퍼슨은 그만 기분이 몹시 상하고 말았다. 가필에 참여했던 프랭클린이 조용히 그를 불러 이렇게 위로했다.

"내가 인쇄공이었을 때, 모자를 잘 만들던 친구 하나가 자신의 가게를 냈습니다. 그는 직접 제작한 간판에 예쁜 모자 그림과 함께 이렇게 썼죠.

토마스 제퍼슨(Thomas Jefferson, 1743~1826)
1800년 제3대 대통령에 당선되어 새 수도 워싱턴에서 취임식을 거행한 최초의 대통령이 되었다. 생전에 자신이 직접 정해 놓았다는 묘비명 '미국독립선언의 기초자, 버지니아 신교자유법의 기초자, 버지니아대학의 아버지 토마스 제퍼슨 여기에 잠들다'라는 글귀가 유명하다.

'모자 제조상인 요한 톰슨, 모자를 제조해서 팝니다. 현금 판매'

그는 여러 친구들을 불러 모아 간판에 대한 의견을 물었습니다. 첫 번째 친구가 말했습니다.

'모자 제조상인과 모자 제조는 중복되었으니 하나를 지워버리게.'

그는 '모자 제조상인'이라는 글을 지웠습니다.

두 번째 친구가 말했습니다.

'고객들은 모자를 누가 만들었는지는 관심이 없으니 모자 제조라는 글자도 생략할 수 있다고 보네. 마음에만 들면 누가 만들었건 모두 사지 않겠나?'

그래서 '제조'라는 단어도 지웠습니다.

세 번째 친구가 말했습니다.

'외상으로 사는 건 이 지방 풍습이 아닐세. 따라서 현금 판매라는 말은 의미가 없다고 보네.'

벤자민 프랭클린(Benjamin Franklin, 1706~1790)
미국의 정치가·외교관·과학자·저술가. 전기 유기체설을 제창하고, 우편제도 개선, 도서관 건립, 자주과세권 획득 등 문화, 교육, 정치, 외교, 과학 분야에 걸쳐 업적을 세웠다. 그가 쓴 〈프랭클린 자서전〉은 현재까지 많은 사랑을 받고 있다.

결국 '현금 판매'라는 말도 지웠습니다.

네 번째 친구가 말했습니다.

'자네는 공짜로 모자를 주지는 않을 걸세. 그렇다면 판다는 말도 필요 없지. 게다가 간판에 이미 모자를 그려 넣었으니 모자라는 글자도 필요가 없을 것이네.'

마침내 '모자를 팝니다'라는 글도 지웠습니다.

이제 간판에는 '요한 톰슨'이라는 글자와 예쁜 모자 그림만 남았습니다. 가게 문을 열었을 때, 손님들은 너나 할 것 없이 매우 잘 만든 간판이라며 칭찬을 아끼지 않았습니다."

프랭클린의 이야기를 듣고 난 제퍼슨은 비로소 초조했던 마음을 가라앉혔다. 그는 초안에 추고와 수정이 가해지는 것을 받아들였고, 마침내 불후의 역사적 문헌이 탄생했다.

아무리 아름답고 멋진 말일지라도 쓸데없는 군더더기라면 단호히 버려야 한다. 곁가지가 너무 많으면 '굴러온 돌이 박힌 돌을 빼내는 격'으로 논제에 대한 주의력을 분산시킨다. 치렁치렁한 액세서리는 모두 걷어내라. 핵심만 간결하게 전달하라.

미국 독립선언서

1776년 7월 4일 아메리카합중국 독립을 내외에 선언한 문서. 미국 독립의 정당성을 주장하는 내용으로 구성되었다. 전반부는 생명, 자유, 행복 추구 등 천부의 권리에 토대한 자연권을 지키기 위해서는 정부가 조직되어야 하며, 정부는 다스려지는 사람들의 동의를 구해야 함을 주장한다. 후반부는 영국 국왕이 펼쳐온 압정에 대해 기록했다. 제퍼슨은 '독립선언서'가 새로운 사상이 아니라, 로크의 사상과 영국에 대한 미국의 항쟁에서 형성된 미국인의 마음을 대변했다고 밝힌다.

03 청중을 매료시키는 기술

프레젠터는 연예인이 아니다. 지나치게 농담을 섞어 얘기하거나 기발한 연출에 신경을 쓰다 보면 오히려 프레젠테이션을 망칠 수 있다.

청중이 들어줬으면 하는 것, 이해해 주길 원하는 것, 행동으로 옮겼으면 하는 것들을 '이야기하는 능력' — 표현력과 경청력 — 을 확실하게 익히는 것만이 프레젠테이션을 성공시키는 방법이다.

청중을 매료시키는 데는 피에로의 현란한 기술이 필요 없다. 쌍방향 커뮤니케이션의 실현만이 유일한 목표이다.

1) 청중에게 먼저 한 발 다가선다

이상적인 프레젠테이션은 청중과 쌍방향으로 커뮤니케이션하며 제안하고 주장한다. 이를 위해서는 청중으로 하여금 '나를 위해서 이야기하고 있다. 잘 들어두자.'라는 의식을 처음부터 심어줘야 한다.

우선적으로 할 일은 프레젠터 스스로 청중에게 다가가 거리를 좁히는 것이다. 먼저 다가서지 않으면 1대 1 대화라도 상대방과의 거리를 좁힐 수 없다.

프레젠테이션을 능숙하게 하고 싶다면 다음과 같이 시작하지 말라.

- 자기만 아는 농담으로 시작한다.
- 형식적인 도입부로 발표한다.
- 상황에 상관없이 준비해 온 그대로 진행한다.
- 원고나 차트만 쳐다보며 발표한다.

2) 시작할 때 짬을 둔다

시작 부분에서 잠깐 짬을 주어 청중과 호흡을 맞추는 방법이다. 아랫배에 가볍게 힘을 주고 2, 3초간 뜸을 둔 후, 한 발 앞으로 나가며 밝게 인사한다.

청중을 배고프게 만들어라!

육식동물은 배고프지 않으면 먹잇감을 거들떠보지 않는다. 배를 깔고 누워서 강 건너 불 구경하듯 바라본다. 청중을 유인하려면 '타이밍'을 노려야 한다. 거리 두기, 시간 차 이용하기, 눈빛 교환하기, 쉬어가기 등 다양한 방법으로 템포를 조절하라.

【짬을 두고 시작하는 법】

① 청중 앞으로 한 발 나가 당당하게 선다.

② 전체를 한 번 둘러본 다음 코로 숨을 들이쉬며 심호흡 한다.

③ 밝고 활기찬 목소리로 "안녕하십니까!" "바쁘신 와중에 시간을 내주셔서 감사합니다." 하고 인사한다.

④ 인사말에 이어 허리를 굽혀 인사한다. 절대 머리만 꾸벅 숙이지 않는다. 그림을 보고 자신의 인사법을 체크하자.

⑤ 숙였던 상체를 일으킨 뒤, 심호흡을 하고, 또박또박 이름을 말한다.

"○○○라고 합니다. 오늘 제안해 드릴 내용의 유의점에 대해서 말씀드리고자 합니다. 우선 자료를 봐주시기 바랍니다."

이때 곧장 말을 꺼내지 말고 청중의 반응을 자세히 관찰한다.

이상의 ①~⑤까지를 '시작을 여는 시간'이라고 부르자. 여기에서 청중과 호흡이 맞으면 다음 이야기로 옮겨가기가 쉽다. '시작을 여는 시간'을 대충 넘기지 말자.

여러 가지 인사법

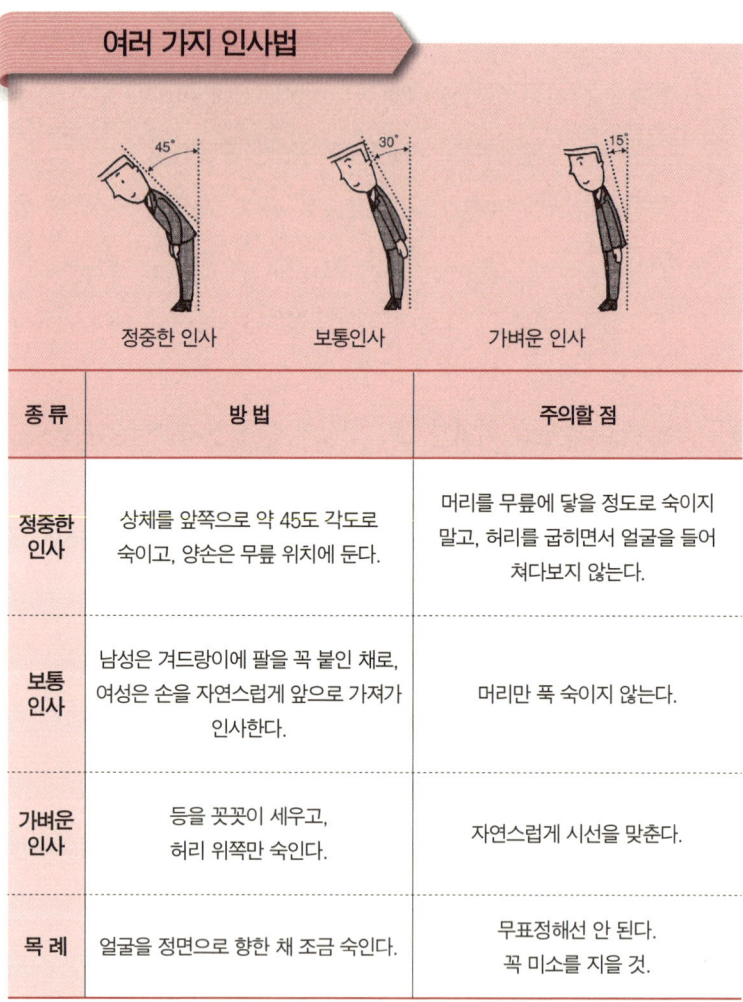

종 류	방 법	주의할 점
정중한 인사	상체를 앞쪽으로 약 45도 각도로 숙이고, 양손은 무릎 위치에 둔다.	머리를 무릎에 닿을 정도로 숙이지 말고, 허리를 굽히면서 얼굴을 들어 쳐다보지 않는다.
보통 인사	남성은 겨드랑이에 팔을 꼭 붙인 채로, 여성은 손을 자연스럽게 앞으로 가져가 인사한다.	머리만 푹 숙이지 않는다.
가벼운 인사	등을 꼿꼿이 세우고, 허리 위쪽만 숙인다.	자연스럽게 시선을 맞춘다.
목 례	얼굴을 정면으로 향한 채 조금 숙인다.	무표정해선 안 된다. 꼭 미소를 지을 것.

3) 효과적으로 짬을 두는 법

말 잘하기로 소문난 사람들 모두 천천히 말하는 건 아니다. 말이 빠른 사람이라도 짬을 주며 이야기하면 이해하기 쉽다. 유명인들 중에 말투가 속사포 같은 사람도 있지만, 그들은 짬을 잘 둔다.

라디오 방송을 보면 게스트가 하는 이야기를 청취자가 이해하기 쉽게 '짬'을 두며 진행하는 사례를 많이 찾을 수 있다.

게스트 : 그게 바로 성공하게 된 비결이라고, 그러더라고요.
진행자 : 예에……(짬) 그리고 또 뭐라고 하던가요?

프레젠테이션에서도 이와 같이 잠깐의 짬을 두어 청중에게 생각할 틈을 준다.

"현 상황을 이대로 방치한다면, 어떻게 될까요. (짬) 지금의 문제를 개선하지 않을 경우의 결과를 데이터로 나타냈습니다."

이러면 청중의 참여도도 높아지고 다음에 전개될 내용에 대한 흥미도 느끼게 된다.

짬에는 다음과 같은 것들이 있다.

청중은 이야기를 들으면서 동시에 이해한다. 전문적인 이야기나 복잡한 이야기는 생각할 시간을 더 많이 필요로 한다. 따라서 적당한 짬을 주어야 청중의 이해 정도가 좋아진다. 프레젠터와 청중이 이야기를 공유해야 바람직한 쌍방향 프레젠테이션이 성립된다.

짬의 종류

구분 종류	의미	길이	예
쉼표(,)	단어의 뜻이 더욱 명확해지도록 두는 짧은 짬	1초	"경쟁사를 이기기 위해서는, 더 뛰어난 기술, 더 효율적인 조직, 더 자극적인 동기부여가 필요합니다."
마침표(.)	다음 문장으로 넘어가기 전에 생각할 틈을 주기 위한 짬	2초	"현 상황을 이대로 방치하면 어떻게 될까요? (짬) 지금의 문제를 개선하지 않을 경우 어떤 결과가 나오는지 데이터로 나타냈습니다."
단락(↵)	이야기 전개에 따라 필요한 짬. 다음 설명으로 넘어가기 전에 잠깐 두는 짬	3~4초	"이렇듯 근원이 되는 문제를 해결하지 않으면 효율성을 높일 수 없는 것입니다. (짬) 다음 제2항 문제해결에 대해 말씀드리겠습니다."

4) 청중의 수에 따라 짬을 두는 법

청중이 많을수록 짬도 길게 두어야 한다. 청중 전체를 둘러보며 천천히 이야기를 풀어나가며 짬을 둔다.

협상이나 소수만 참여하는 회의처럼 응접용 테이블을 둘러싸고 이야기하는 자리에서는 한 사람 한 사람과 눈을 맞추며 중요 인물을 파악한다. 중요한 요점을 확인할 때마다 중심인물과 눈을 맞추며 짬을 두면 좋다. 단 중심인물에게 너무 치중하면 다른 참석자의 반감을 살 우려가 있다. 참석자의 수가 적을수록 긴장도가 높으므로, 프레젠터는 전체에 균일하게 시선을 주며 반응을 살펴야 한다.

① 10~15명일 때

프레젠테이션하기 제일 좋은 인원수로, 분위기 조성이 쉽다. 주로 커다란 회의실이라든가 ㄷ자 형태로 책상이 배열된 장소에서 진행된다. 참석자 전원의 표정과 반응을 파악하기가 쉽다. 전체를 둘러보며 천천히 프레젠테이션을 진행한다.

② 20~50명일 때

학교 교실이나 강의실처럼 자리가 배열된다. 발표하기는 편하지만, 한 사람 한 사람과 시선을 맞추기 어렵다. 참석자 상호간의 긴장이 덜한 만큼 프레젠테이션 내용에 집중하지 않을 가능성도 높다. 세세하게 이야기를 풀어가기보다, 큰 맥을 짚어가며 쉼을 둔다.

청중수가 많을 때는 쉼도 조금 길게 두어야 한다. 재미있는 말을 해 웃음이 터져 나왔다 치자. 한 번에 와르르 웃고 순식간에 조용해질 리가 없다. 한바탕 웃음폭풍이 지나간 뒤에도 끼리끼리 농담을 주고받으며 킥킥 웃는 사람들이 있기 마련이다. 침묵을 지키며 조용해지기를 기다려라. 이때 부드럽게 웃음을 머금은 얼굴로 전체를 살펴본다면, 다음 이야기를 꺼낼 타이밍을 잡기 쉬울 것이다.

5) 청중이 지루해하기 시작할 때

이야기를 듣는다는 것은 피곤한 일이다. 듣기 위해서는 많은 노력이 필요하다.

사람의 말을 신중하게 들으려면 대뇌를 풀가동시켜야 한다. 말하는 사람을 주목하기 위해 눈을 사용하고, 듣고 흘려버리지 않기 위해 귀를 사용하며, 의미를 이해하기 위해 머리를 사용한다. 몸도 거의 움직이지 못하므로 쉽게 피곤해진다.

타인의 이야기를 집중하여 들을 수 있는 시간은 평균 15분이다. 제아무리 뛰어난 만담가라 하더라도 30분 이상 말을 계속하면 들어줄 사람이 없다.

청중의 입장에서는 조금이라도 피곤함을 느끼면 듣는 능력이 현저하게 떨어진다. 청중이 하품을 하거나 고개를 숙이거나, 옆 사람과 수군거린다면 지루해하고 있다는 증거다. 그렇다고 당황하지는 말자. 지루해하는 데는 이유가 있다.

- 설명이 너무 길다
- 전문적인 내용이라 이해하기 어렵다
- 프레젠터가 자기 이야기에 취해 있다

어떻게 지루함을 탈피해야 할까? 청중의 의식을 환기시켜야 한다.

이를 위해 때로 전혀 엉뚱한 내용으로 탈선해보는 것도 하나의 방법(4장 2. 프레젠테이션의 3원칙 참조)이다.

① 졸고 있는 사람이 있다

【이렇게 해보자】
- 자신의 실패담과 같은 극적인 얘기를 꺼낸다
- 모두를 향해 "그런데 이번 프로야구에서는 누가 이겼죠?" "그런데 내일 날씨는 어떻다고 했죠?"와 같은 질문을 던진다
- 졸고 있는 사람 옆에 서서 진행한다

【해서는 안 되는 것들】
- 큰소리를 지른다
- 이렇게 좋은 내용을 듣지 않는다며 비난한다
- 당황하여 말이 빨라진다

② 옆에 앉은 사람과 소곤거리고 있다
- 화제를 바꾼다
- 즐거운 얘기를 한다
- 구체적인 사례를 마치 소설처럼 들려준다

쌍방향 커뮤니케이션이란 프레젠터와 청중이 양방 통행으로 끊임

없이 교류하는 것과 같다.

   프레젠터는 → 청중의 의사를 파악한다
   청중은 → 프레젠터의 의도를 파악한다

1대 1 커뮤니케이션이라면 질문을 주고받는 것이 자유롭고, 반론이 있다거나 이의가 있을 때 바로 의사를 표현할 수 있지만, 1대 다수의 상황에서는 이야기에 대한 청중의 반응을 살펴보고 판단을 내려야 한다. 이러한 일련의 작업이 원활해야 청중이 프레젠터의 '이야기에 몰입'할 수 있다.

지루한 프레젠테이션이 되고 말았다 해도 속상해하고 말아선 안 된다. 원인이 어디에 있는지 냉철하게 분석한 후 다음을 대비해야 한다. 사람들 앞에서 말을 하려면 먼저 듣는 사람의 수, 연령층, 성별의 비율, 직업, 지적 수준, 관심사 등을 고려해야 한다. 오전인지 오후인지, 점심시간 직전·직후인지 등의 시간대나 조명, 음향 등의 내부 시설 등도 염두에 두어야 한다.

6) 비주얼에 의존하지 말라

프레젠테이션은 주로 파워포인트나 OHP(Over Head Projector, 스크린 위에 영상을 확대해 보여주는 기기)와 같은 '비주얼 도구'를 활용해 작성된다. 비주얼의 활용 범위나 연출 효과는 갈수록 확대되고 있다.

　문제는 비주얼 도구가 발전함에 따라 프레젠테이션의 패턴이 유사·균일화되고 있다는 점이다. 기획서, 제안서, 회의 자료 그리고 프레젠테이션·슬라이드가 정형화되어 발표 스타일이 서로 비슷비슷해지는 것이다. 때문에 도리어 청중에게 선명한 인상을 주지 못하고 있다.

　내용이 아니라 비주얼로 승부를 보려는 사람이 많기 때문이다. 꽉 찬 알맹이보다 번드르르한 껍데기로 어필하려는 욕심 때문이다.

　파워포인트의 슬라이드를 작성할 때 동영상이라든가 애니메이션 효과, 사운드 삽입 등의 준비에만 많은 시간을 쏟아 부으며 자기만족에 빠져들지 마라. 중요한 건 내용, 제안의 질이다. 청중은 비주얼에 혹하지 않는다.

① **비주얼에 의존 이유**

　비주얼 효과에 집착하는 이유는 무엇일까?

　'다수를 앞에 두고 하는 이야기에 자신이 없기 때문'이다. 자신감 결핍이 과도한 비주얼에 매달리게 만든다.

　이런 사람들은 파워포인트 슬라이드의 틀에만 머물게 되며, 스크린이나 원고에만 시선을 고정시킨 채 나지막한 목소리로 프레젠테이션을 해버리기 일쑤다.

② 당신이 바로 주인공!

비주얼에 심혈을 기울이는 사람들이 종종 망각하는 것이 있다. 바로 '프레젠터가 주인공!'이라는 점이다. 도구란 문자 그대로 道具에 지나지 않는다. 도구는 길을 걸을 때 쓰는 지팡이일 뿐, 길 그 자체가 될 수 없다. 목표지점에 이르렀을 때 자신의 다리를 칭찬하지 지팡이를 칭찬하는 경우는 없다.

프레젠터인 당신의 '설득력 있는 화술'이 성공의 관건임을 가슴 깊이 새겨 두자.

프레젠테이션은 '설득'을 목적으로 한 커뮤니케이션이란 점을 명심하자.

③ 이런 프레젠테이션은 그만!

이제부터 비주얼 프레젠테이션의 터부(taboo)를 제시한다. 자신의 프레젠테이션을 돌아보고 체크하자.

☐ 처음부터 끝까지 슬라이드로만 보여준다
☐ 시선이 스크린에 고정되어 있다
☐ 자신이 발표할 내용을 슬라이드로 나열하고 있다
☐ 레이저 포인터로만 가리키며 발표한다
☐ 한 면의 슬라이드에 너무 많은 정보를 담아서 보기 어렵다
☐ 무턱대고 효과음을 사용한다
☐ 불필요한 동영상이나 애니메이션 효과를 사용한다
☐ 배경 화면이나 글꼴 종류가 통일되어 있지 않다

☐ 같은 리듬과 톤으로 해설하듯이 제안한다
☐ 슬라이드상의 글자가 너무 작아서 보기 어렵다

④ 비주얼의 함정

비주얼의 편리함과 화려함에만 의존하다가는 자칫 개성과 강렬함이 사라진 프레젠테이션이 되기 쉽다.

특히 파워포인트로 슬라이드를 작성할 때, 패턴에 따라 정보를 담으면 기계적으로 작성되어 주제나 요점이 흐려지기 일쑤다.

통상적인 순서대로 제시하면 단조롭고 장황해진다. 그 위에서 주제를 강조하려다 보면 결국 '시간 초과'가 되고 만다.

그때그때의 상황이나 상대방의 이해 정도에 따라 슬라이드를 건너뛴다거나 하는 등의 유연성이 필요하다. 심혈을 기울여 준비한 자료라고 해서 하나도 남김없이 보여줄 필요는 없다. 슬라이드의 수가 많고 적음으로 경쟁하려는 것도 어리석은 짓이다.

⑤ 청중을 끌어들이는 비주얼 활용법

비주얼을 활용해 강렬하고 인상적인 프레젠테이션을 실현하려면, 적극적으로 청중을 참여시켜야 한다.

A냐 B냐 하는 두 가지의 선택지를 한 화면에서 보인 후, "당신이라면 어느 쪽을 선택하시겠습니까?"와 같은 질문을 던져본다.

중요한 항목이 나왔을 때 따라 읽어보게 하는 것도 좋다.

 ## 유머로 곤경에서 벗어나라

유머는 위기상황을 극복하기 위한 가장 훌륭한 무기이다. 유머감각을 익히기는 쉬운 일이 아니지만, 부단히 노력하면 누구든 유머의 달인이 될 수 있다. 유머를 통해 위기를 기회로 바꾼 사례를 소개한다.

1 1796년, 제2대 미국 대통령 선거에 출마한 연방파의 존 애덤스는 심각한 스캔들에 휘말려 골머리를 앓았다. 그가 자신의 측근인 핑크니 장군을 영국으로 보내 미인 네 명을 선발하여 그 중 두 명을 핑크니 장군에게 주고 다른 두 명은 자기가 차지했다는 것이었다. 공화파는 이 일을 무기로 존 애덤스를 맹렬하게 비난했으며 여론은 떠들썩했다.

선거 연설을 끝내고 당시 공화파의 후보였던 제퍼슨이 이 일을 화제로 꺼냈을 때, 존 애덤스는 호탕하게 웃으며 이렇게 말했다.

"저의 인격을 걸고 맹세합니다. 만일 그 소문이 사실이라면 필경 핑크니 장군이 제게 속한 그 두 명까지 독차지한 게 분명합니다."

존 애덤스는 재치 있는 한마디로 자신에게 불리했던 여론을 반전시켰을 뿐 아니라 냉담했던 유권자의 마음을 돌려 대통령에 당선되었다. 이와 같은 말이 진가를 발휘할 수 있었던 것은 항상 청렴하게 생활한 애덤스의 평소 모습이 밑바탕 되었기에 가능했다.

2 어느 날 워싱턴의 한 백화점에서 다양한 여성 의류를 대폭 할인 판매하는 이벤트를 벌였다. 한 신사가 자기 아내에게 옷을 선물하려고 들렀다. 하지만 구름처럼 몰려든 여인들에게 이리저리 떠밀리느라 도저히 옷을 고를 수가 없었다. 참다못한 그는 머리를 숙이고 인파를 헤집으며 앞으로 나갔다.

"이봐요, 앞으로 나서는 분……."

한 여자가 불만스러운 목소리로 말했다.

"좀 신사답게 행동하실 순 없나요?"

그러자 신사가 변명했다.

"저는 한 시간 동안 신사처럼 행동했지만, 지금부터는 부득이 여인들처럼 행동하겠습니다."

예의를 차리다가 본전도 못 찾는 경우도 있다. 신사는 목적을 이루기 위해 체면을 벗어던졌지만, 그의 재치 있는 한마디는 상황을 반전시키고도 남았다.

유머감각을 익히는 데는 왕도가 없다. 뛰어난 유머감각으로 많은 인기를 끄는 인기 개그맨들은 모두 하나같이 긴 무명시절을 거쳤다. 아무도 알아주지 않는 동안 그들이 쉬지 않고 한 것은, 1)많은 책을 읽고 2)다양한 경험을 쌓으며 3)주변을 세심하게 관찰하는 일이었다.

5

행동하게 하는
프레젠테이션 비법

프레젠테이션의 목적은
설득하여 행동하게 하는 것.
'다수의 사람을 움직이게 하는 방법'에
초점을 맞춰 프레젠테이션을 살펴보자

01 어느 때 행동하는가

1) 억지로 움직이는 사람은 없다

설득이란 듣는 사람을 '행동하게 만드는 것'이다. 하지만 사람을 행동하게 하는 방법에도 여러 가지가 있다. 다음의 세 가지는 설득이라고 부를 수 없다.

① 명령
② 협박
③ 돈으로 회유

설득과 무엇이 다른가?

위에 세 가지는 모두 '어쩔 수 없이' 행동하게 한다.

'본심은 아니지만 어쩔 수 없었다.'
'눈에 뭐가 씌어서……'
'무서우니까', '보복을 당할 것 같아서'

여기에서 설득의 특징을 알 수 있다.
설득이란 '일방적으로', '억지로' 행동하게 하는 것이 아니다. 3장에서도 언급했듯 상대방이 스스로 알아서 움직이도록 자발적인 의사를 일으키는 것이다.
사람은 누구나 강요당하는 것을 싫어한다. 강요하지 않으면서 행동하게 하려면, 많은 노력과 궁리가 필요하다.

2) 논리와 감정 모두에 호소한다

대화를 일컬어 '생각의 교환'이라고도 한다.
여러 사람과 함께 이야기하면 새로운 것을 알게 되거나 발견하게 되고, 사물을 보는 방법이 달라져 사고의 폭이 넓어지기 때문이다. 기분 좋은 대화를 나누면 마치 새로운 세계를 여행하고 온 것처럼 원동력과 활력이 생긴다.
인간은 '감정의 동물'이다. 이성적으로는 이해해도, 감정적으로는 끌리지 않을 수 있다.

"이해는 되지만 용서가 안 된다."

"좋은 상품인 건 알겠는데 사기에는 부담스럽다."

"사람은 좋지만, 별로 안 끌린다."

'몸에 해롭다는 걸 알면서도 담배를 끊지 못한다.'

'나쁜 일이라는 걸 뻔히 알면서도 빠져든다.'

인간은 이성으로 통제되기 힘든 존재이다. 논리적으로 이해한 것을 그대로 실천하기란, 어지간히 자기를 갈고 닦은 사람이 아니면 힘들다.

실수를 저지른 직원이 속으로 반성하고 있는데 상사가 갑자기 몰아세운다.

"도대체 무슨 생각으로 사는 거야!"

"이 따위로 할 거면 당장 때려치워!"

이럴 땐 아무리 온순한 사람이라도 감정이 북받쳐 올라 돌연 태도를 바꿀지도 모른다. "그렇게까지 말하지 않아도 되는 거 아닙니까!" "저도 반성은 하고 있다고요!" 하고 대들 수도 있다.

'하던 짓도 멍석을 깔아 놓으면 안 한다'는 속담이 있다. 스스로 좋아서 하면 어려움도 극복하며 잘 해나가지만, 남의 시선을 의식하게 되거나 강제적으로 하면 아무리 쉬운 일도 하기 싫어지는 법이다.

'비 들자 마당 쓸라 한다'는 말도 있다. 아침만 되면 새벽같이 일어나 앞마당, 뒷마당 가릴 것 없이 구석구석 청소를 하는 성실한 마당쇠도 주인 영감이 "얘! 마당쇠야 거기 마당 좀 쓸어라." 하면 쓸던 빗자루도 놓고 만다. 자진하여 했던 일도 남이 시키면 의욕이 사라진다. 사람은 자율적인 의사와 동기가 선행되어야만 일의 성과를 최대한 올릴 수 있다.

따라서 프레젠터는 청중의 '머리와 마음'에 호소하는 이야기, 두고두고 마음에 남을 만한 이야기를 해야 한다.

다음은 바람직한 프레젠터의 말투이다. 적어도 이 세 가지는 꼭 지켜주기 바란다.

① 단정적인 말투는 일방적으로 보이기 쉬우므로 가능한 한 피한다.
② 부정형이 아닌 긍정형으로 표현한다.
　　잘 모르시겠지만 (×) → 잘 알고 계시겠지만 (○)
③ 가능한 한 마음을 열고, 밝은 표정과 목소리로 이야기한다.

일방적으로 강요하는 듯한 인상은 안 된다. '긍정적인 표현'을 써 청중으로 하여금 가능성에 눈을 돌리게 하라. 이를 위해서는 사람을 수단으로 치부하는 생각을 버리고, '인간 대 인간'의 관계를 회복하고 내면을 투명하게 들여다볼 수 있도록 노력해야 한다.

3) No의 종류와 대처 방법

청중에게 가능한 한 정확하고 알기 쉽게 내용을 전달했다고 해도, 또 온갖 궁리와 지혜를 다해 청중의 감정을 배려했다고 해도, 청중은 그리 쉽게 'Yes'라고 답하지 않는다.

No의 여러 가지 종류와 대표적인 대처 방법

이유	속마음	대책
귀찮아한다	"해야 하는데……." 행동을 하는 데 시간이 걸린다, 귀찮다	생각은 하고 있으므로 행동에 옮기도록 한 번 더 재촉한다.
중요성을 모른다	"꼭 지금 안 해도……."라고 생각한다.	행동하지 않았을 때의 "단점"을 강조해 곧장 행동으로 옮길 가치가 있음을 인식시킨다.
필요성을 못 느낀다	할 필요가 없다고 생각한다. 본질적으로 모른다	각도나 시점을 바꾸어 다시 설명하고 결심하게 한다.
방법을 모른다	"해야 한다고는 생각하지만, 방법이……?"	설명하는 사람이 구체적인 방법을 빠트린 경우이다. 실수를 개선한다.
도피적인 성향이 있다	"성가시다", "하기 싫다!"	본인 눈앞에서 실연을 통해 설명(솔선수범), 경험하게 한 뒤(실천) 칭찬해 준다(자존심).

※ 확고한 신념에 의한 진실된 No도 있다. 이럴 땐 억지로 굴복시키려 하지 말고 깨끗이 포기한다.

오히려 당신이 애를 쓰면 쓸수록, 청중은 더욱 의심할지 모른다.
'저 생각은 이런 경우엔 들어맞지가 않잖아!'
'장점만 있는 건 아니네!'
'정말로 믿어도 되는 걸까?'
'실은 더 좋은 방법을 알면서도 안 가르쳐주는 게 아닌가?'
온갖 의문과 불안들이 청중의 마음을 가로막는다. 청중은 귀를 닫고 손사래를 친다.

모든 'No'가 똑같지는 않다. 'No'의 속마음을 포착하여 침착하게 대응하자.

청중이 표시하는 'No'의 종류와 대처 방법에 대한 앞쪽의 표를 참조하라.

4) Yes가 반드시 OK를 의미하지는 않는다

최선을 다해 설명해 상대방으로부터 이해와 납득을 얻어냈다 해도 끝난 게 아니다. 모두가 '알겠습니다' 하고 대답했다고 해서 꼭 행동으로 옮기지는 않는다. 이는 번지 점프를 처음 해보는 사람의 마음과 같다. 허리엔 줄이 매달려 있고, 아래에는 물이나 쿠션이 받치고 있으므로 안전하다. 그럼에도 쉬이 발이 떨어지지 않는다. 뛰어내릴 준비는 되었지만, 실천하기 위해서는 '용기'가 필요한 것이다.

인간은 선택의 기로에 설 때마다 불안과 두려움을 느낀다. 머리로는 이해해도 실천은 주저한다.

원인과 대책을 살펴보자.

행동으로 옮기지 못하는 이유와 대책

구분 No의 종류	의미	속마음	대처 방법
상황을 두고 보자는 No	신중을 기하고자 할 때	"가볍게 보이고 싶지 않다", "아직 결정할 시간적 여유가 있다" 등	한 번에 포기하지 말고 충분히 시간을 두어 재차 삼차 시도한다.
정보 수집을 위한 No	필요한 정보를 더 얻고자 할 때	"좀 더 자세한 정보를 얻고 싶다" "알고 있는 것을 다 말하지 않았다"	제시 방법이나 상황 분석의 각도를 바꿔 제안을 한다면 듣는이가 먼저 다가설 것이다.
거드름을 피우는 No	본심은 Yes이지만 뜸을 들일 때	직책상 그렇게 간단하게 Yes라고 할 수 없다. "뭐 그렇게 쉽게 OK하지 않아도······."	본심은 Yes이므로 한 발 물러서 본다. 그러면 상대방이 먼저 안달하여 본심을 말해줄 것이다. 밀어붙여도 안 되면 뒤로 물러서 보자.
마음이 흔들려서 No	반사적으로 방어벽을 만들려 할 때	"이런, 속마음을 들켰다."	마음이 흔들리고 있다는 것을 모른 척하면서 다짐을 받아낸다. "정말 No이십니까?" 등의 말로 확인하며 당신의 제안에 어떤 장점이 있는가를 강조한다.
주변의 반대로 인한 No	본심은 Yes이지만 윗사람이나 결정권자, 가까운 사람들이 반대할 때	"나는 OK하고 싶지만, 아무래도 주위의 눈치가······.'	언저리부터 공격하라! 우선 주변의 대인 관계를 체크하여 결정권자나 영향력 있는 사람을 찾아낸다.
불문곡직 무조건 No	힘의 과시. "자네와는 얘기가 될 않아!" "윗사람은 어디 있나!" 무조건 박력으로 밀어붙인다.	한 번 큰소리를 내서 요구 사항이 받아들여진다거나 하면 재미를 붙이는 타입.	의외로 단순하므로 논리 정연하게 "정론"으로 공략하면 효과적이다

 ## 자존심을 자극해 분발하게 하라

제2차 세계대전 때였다. 독일은 음성 감지 어뢰를 개발하는 데 성공했다. 이 어뢰는 적의 함정 프로펠러가 내는 소리를 추적해 격침할 수 있었다. 독일은 신식 무기로 동맹군을 괴롭혔다.

그 후 미군은 아주 어렵게 독일군의 신식 잠수함 한 척을 공격해 한스라는 이름의 해군 군관을 사로잡았다. 한스는 음성 감지 어뢰의 연구 제작에 참여했던 군관이자, 직접 그 신식 어뢰를 조종해온 기술자였다. 음성 감지 어뢰의 비밀을 밝히려면 어떻게든 한스의 입을 열어야 했다.

한스의 심문을 담당한 미 해군 군관 타일러는 한스가 쉽게 굴복하지 않을 것임을 잘 알고 있었다. 타일러는 벗을 사귀듯 한스에게 접근해 그의 호감을 샀다.

어느 날 저녁 타일러는 한스를 청해 함께 장기를 두었다.

'과부 제조기' U-보트
뛰어난 기술과 전투력으로 무장한 독일의 잠수함 U-보트는 제1차 세계대전과 제2차 세계대전에 걸쳐 맹활약하며 연합군에게 많은 피해를 입혔다. 미국은 전쟁이 끝난 직후 U-boat의 설계도를 입수해 자신들의 잠수함을 보강했다.

한스가 타일러에게 물었다.

"자넨 왜 날 심문하지 않나?"

타일러는 고개도 들지 않고 대답했다.

"자넨 일반 군관에 지나지 않는데 뭘 물어본단 말인가?"

한스가 부아가 나서 말했다.

"이래봬도 난 특수훈련을 받은 어뢰 군관이란 말일세."

타일러는 크게 웃었다.

"독일 해군에게 어뢰라니?"

"허참! 어뢰뿐인 줄 아는가? 우리 독일군한텐 너희들보다 훨씬 선진적인 음성 감지 장치가 있다고"

타일러는 머리를 흔들면서 미덥지 않다는 듯 말했다.

"꿈이라도 꾸고 있는 거야? 음성 감지 어뢰라니, 난 들어본 적도 없다고. 허튼소리는 그만해."

"정말 아무것도 모르는군!"

한스는 더 이상 자신을 통제할 수 없었다. 그는 당장 음성 감지 어뢰를 그림으로 그린 후 이 신식 무기의 특징을 자세히 밝혔다.

설득하고 싶은가? 자존심을 자극하라! 기운을 북돋아 주고 싶은가? 자존심을 자극하라!

사람은 자존심을 건드릴 때 가장 민감하게 반응한다. 좀처럼 감정을 드러내지 않는 사람도 흔들린 자존심 앞에서는 여지없이 무너진다.

여유만만 느리게 걷던 사람도 누군가 옆을 지나쳐가면 보폭이 빨라진다. 자존심은 행동을 일으키는 강한 동력이다.

02 프레젠테이션은 주고받는 것

 일반적으로 프레젠테이션은 '비주얼을 사용해 멋지게 발표하는 기술', '특정 장소에서 내용을 논리적으로 설명해 상대방을 이해시키고 제안하는 것' 등으로 오해된다.

 다시 한 번 강조하지만 프레젠테이션은 설득을 목적으로 한 커뮤니케이션이다. 멋지게 발표할 궁리만 한다거나, 완벽한 논리 전개에만 신경 쓰면 프레젠테이션은 '청중 부재', '독선', '자기만족'으로 끝나버린다.

 2장에서 언급했듯 프레젠테이션의 좋고 나쁨을 결정하는 주체는 '상대방'인 청중이다. 즉 프레젠테이션 성공의 열쇠는 프레젠터와 청중이 어떻게 커뮤니케이션을 하는가에 달려 있다. 프레젠테이션에 있어서 커뮤니케이션의 활성화에 대해 검토해 보자.

1) 주고, 받아라

커뮤니케이션은 정보의 발신자인 '화자'와 수신자인 '청자'가 만나 이루어진다. 말하기와 듣기가 원활하지 않으면 커뮤니케이션은 일방적인 설교로 전락한다.

그럼 청중과 커뮤니케이션을 활발히 하기 위해서는 어떻게 해야 할까?

질문을 던져라!

"○○를 알고 계시는 분, 수고스러우시겠지만 손을 좀 들어주시겠습니까?"와 같은 질문을 통해 청중의 대략적인 이해 정도나 관심사 등을 파악할 수 있다. 또 일반적으로 긍정하거나 부정하게 되는 사항을 질문을 통해 확인함으로써 청중과 강한 유대감을 형성할 수도 있다.

"한여름에 썰매 타는 사람은 없지요, 안 그렇습니까?"

이렇게 동의를 구하며 청중의 호응도를 체크한다.

여기에 덧붙여 "하지만 한여름에도 스키와 스노보드 등 겨울 스포츠를 즐기는 사람들이 있답니다." 하고, 동의를 구한 것과 반대되는 새로운 사실을 알려 반전의 효과를 줄 수도 있다. 청중의 주의를 환기시키고 호기심과 집중력을 증폭시키는 방법이다.

당신은 프레젠터로서 청중의 수요나 전제 조건 및 배경을 충분히 검토해 새로운 제안을 생각해내고 내용을 구성한다. 그 내용을 청중이 보다 흥미를 갖고 경청할 수 있도록 적극적으로 질문하고 생각해

봐야 할 문제를 제시하라. 질문과 의문 제기는 프레젠터와 청중과의 커뮤니케이션 활성화를 위한 윤활제이다.

2) '지금, 여기'에서 이루어지는 것

현대사회는 컴퓨터, 정확히 말해 인터넷을 통한 커뮤니케이션이 절대적인 비중을 차지한다. 상황에 따라 멤버들이 한 장소에 모이는 일 없이 메일 교환만으로 회의를 하는 경우도 있다.

여기에서 '이야기한다'와 '쓴다'는 것의 차이를 생각해 볼 수 있다.

'이야기한다'는 말하는 사람의 눈앞, 즉 '지금, 여기'에 상대방이 존재해야 성립된다.

'쓴다, 적는다'는 눈앞에 없는 상대방을 대상으로 이루어진다.

예를 들어 누군가 당신에게 결혼 피로연에서 축하 인사말을 해주기를 부탁했다. 당신은 책상에 앉아 인사말 원고를 작성한다. 이때 당신의 손은 긴장감으로 떨리고 있을까? 가슴이 격렬하게 뛰고 있을까? 입술이 바짝 마르고 목이 칼칼할까?

당신이 책상 앞에 앉아 있는 동안 그런 일은 일어나지 않는다.

이제 인사말 원고가 완성되었다. 당신은 원고를 여러 번 읽으면서 필요 없는 부분을 삭제하거나 보다 쉽고 멋진 문장으로 표현하기 위해 애쓴다. 그 후에는 완성된 문장을 암기하여 가족이나 친구 앞에서 몇 번이고 예행연습을 한다. 연습을 반복하는 동안 당신은 자신감을 갖게 된다.

이제 실전이다. 이번엔 다수의 청중을 상대로 얘기해야 한다. 그런데 막상 마이크 앞에 서자 당신은 당황하기 시작한다. 가족 앞에서는 원고를 보지 않아도 자연스럽게 나오던 말이 머릿속에서 서로 뒤엉켜버린 것이다. 겨우 입을 열었는데 잔뜩 목쉰 소리가 불쑥 튀어나온다. 게다가 앞에 앉아 있던 사람과 눈이 마주친 순간, 그때까지 애서 준비했던 모든 내용이 머릿속에서 싹 사라져버렸다.

상대는 항상 나의 일거수일투족을 주시한다. 책상을 앞에 두고 글을 쓰는 것과 다수의 청중 앞에서 이야기하는 것은 천양지차다.

처음부터 다수를 앞에 두고 제대로 발표할 수 있는 사람은 없다. 이 책에서 다루고 있는 '다수를 앞에 두고 발표하는 기술'을 익힌 뒤 몇 번이고 '경험'을 쌓아야 프레젠터로서 안심하고 발표할 수 있는 화술이 익혀진다. 식은땀과 무수한 실패를 통해 훌륭한 프레젠터가 탄생하는 것이다.

3) 프레젠테이션은 청중이 완성시킨다

'프레젠테이션은 질문을 통해 완료된다'는 말이 있다.

청중의 수요와 문제점을 파악하고, 그 해결책으로서의 제안을 심사숙고하여 구성한다. 그리고 충분히 설득력 있게 발표한다.

좋은 프레젠테이션일수록 청중은 '더 상세하게 듣고 싶은 부분', '실행으로 옮기기 위한 보다 구체적인 방법' 등을 질문하고 싶어한다.

만약 질문 받은 내용이 미처 예상하지 못했던 항목이거나, 프레젠테이션의 내용을 진행해가면서 빠뜨린 중요 요소였다면 긍정적으로 받아들이자.

"좋은 질문을 해주셔서 감사합니다. 제 프레젠테이션의 요점을 잘 이해하셨기에 나온 질문으로 생각합니다."

질문은 스스로도 미처 깨닫지 못했던 것을 알려준다.

엄격한 지적은 결코 비판이 아니다. 질문 자체를 긍정적으로 받아들이면 프레젠테이션은 보다 확고해진다. 다양한 의견을 수렴하는 프레젠터야말로 완벽한 프레젠터이다.

청중과 프레젠터가 함께 균형을 이루는 것을 커뮤니케이션의 '수평성'이라고 한다. 이는 청중의 신뢰와 협력을 얻기 위한 중요한 조건 중 하나이다.

03 상황에 따라 대처하는 법

살다 보면 언제 무슨 일이 생길지 모른다. 프레젠테이션을 둘러싼 상황도 끊임없이 변한다. 변화하는 상황에 제대로 대처하지 못하면 청중과의 거리는 멀어질 뿐이다. 상대방과 상황을 '판별하는 능력'이 필요하다.

1) 먼저 다가서려고 노력하라

'내 이야기가 제대로 전해지고 있는 걸까?'

여러 사람 앞에서 이야기할 때 프레젠터가 품게 되는 불안이다. 우리나라 사람은 타인의 이야기를 들을 때의 '반응'이 약한 편이다. 서구의 경우처럼 마음에 안 든다고 야유를 보내거나 도중에 자리에서 벌떡 일어나 나가는 일이 없다. 동감하는 부분이 나왔을 때 큰소리로 호응하며 박수를 치지도 않는다. 프레젠터로서는 '아는지, 모르는지, 좋아하는지, 싫어하는지' 통 알 수가 없다.

이럴 때 혼자 고민만 해서는 아무 소용이 없다. 본인이 직접 나서서 청중의 반응을 체크해야 한다.

"제 얘기가 이해되십니까?"

"내용 중 어렵거나 잘 이해가 안 가시는 게 있습니까?"

혹은

"동감하신다면 박수를 쳐주십시오."

이렇게 진행 도중에라도 필요하다면 망설이지 말고 물어보자.

대다수에게 '미리 결과를 예측'하여 지레 불안해하거나 심각하게 고민하는 버릇이 있다. 반면 불명확한 부분이나 의문점을 '말로써 제대로 확인하는 습관'은 언제부터인가 사라져버렸다. 직접 물어봐서 한 번만 확인하면 될 것을 짐작으로 행동에 옮겨 더 큰 화를 초래하기도 한다.

프레젠테이션에서 '나중에 알았다'는 말은 실패를 뜻한다. '지금, 여기'에서 이해할 수 있다. 현장에서 충분히 설명되고 납득되어야 한다.

프레젠테이션을 준비하는 동안 작은 의문이나 불안이 발생했다면 미루지 말고 당장 해결하자. '끝장을 보려는' 자세로 매달리는 끈기가 필요하다.

2) 청중의 기분을 헤아려라

프레젠테이션에 익숙해질 때 빠져들기 쉬운 함정이 '과다한 이야기'이다.

다수를 앞에 두고 말하는 경험이 어느 정도 쌓이면, 나름대로 여유 있게 청중의 반응을 간파할 수 있게 된다. 자신감도 어지간히 붙고 상황 변화에도 재빠르게 대처하게 된다. 제법 프로다운 면모가 갖춰지는 것이다.

여기에서 문제가 되는 것이 과민 반응이다. 청중 중 일부가 프레젠터를 쳐다보면서 고개를 갸우뚱하거나 이맛살을 찌푸렸다고 하자.

청중과 계속 시선을 주고받던 프레젠터는 단박에 알아채고 마음에 동요가 생겨난다. '조금 다른 각도에서 해설을 해볼까?', '비슷한 사례를 좀 더 들어볼까?' 등의 갈등이 일어나는 것이다.

그 결과 프레젠터의 설명은 장황해지고 방향을 잃은 채 갈팡질팡한다. 이와 같은 상태에 이르면 궤도 수정이 상당히 어려워진다.

해결 방법은 '질문' 그리고 '휴식'이다.

훌륭한 프레젠터는 청중의 태도에 즉흥적으로 반응하지 않는다. 태도 안에 깃들어 있는 청중의 기분을 심도 깊게 헤아린다.

앞서 들었던 경우와 같은 청중이 있다면 잠시 진행을 멈추고 물어보자.

"납득이 안 가시는 점이 있습니까?" 혹은 "다시 설명을 해드릴까요?"

딴 생각을 하던 사람이라면 당황하며 당신의 제안에 좀 더 진지한 자세로 임할 것이다. 정말 궁금증이 일었던 청중이라면 실제로 질문을 하거나 보충설명을 요구할 수 있다. 이는 프레젠테이션의 진행이 한결 매끄러워지도록 돕고 청중 전체의 집중도를 높이므로 더욱 좋다.

청중의 심리적 측면을 충분히 배려하는 마음의 여유를 가져라.

3) 집착에서 벗어나라

성공하는 프레젠테이션의 대전제는 '충분한 준비'이다.
허나 이 준비도 지나치면 독이 된다.
준비에 지나치게 많은 신경을 쓰면 어떻게 될까?
'준비한 대로 발표해야 한다'는 일종의 강박관념이 생긴다. 따라서 '준비한 대로 진행해야지', '다음에는 이 이야기를 해야지' 하는 식으로 자기 자신을 타이르는 프레젠테이션을 하게 된다. 이럴 경우 청중에게 시선을 주지 못하는 현상이 일어난다. 준비한 과정을 그대로 밟느라 '떠올리면서 이야기하는' 모습이 되는 것이다. 그 결과 주위를 두리번거리며 침착하지 않은 모습을 보이거나 '어디까지 이야기 했더라?', '다음에는 무슨 이야기였지?' 하면서 자기도 모르게 입술을 깨물고 천장을 쳐다보는 모습을 보일지 모른다.

충분히 준비했다면 반드시 언급해야 할 포인트가 이미 머릿속에 들어 있을 것이다. 너무 세세한 부분까지 다루려는 욕심을 버려라. '지금, 여기' 눈앞에 있는 청중에게 집중해 적절하게 대처하며 진행하라.

프레젠테이션 경험이 많아질수록 '유연한 마음'과 '상황 대처 능력'이 절실해진다. 청중에 대해 많이 알게 될수록 고민도 다양해지고 깊어진다. 청중이야말로 프레젠테이션의 성공을 판가름하는 핵심이라는 것을 절감하기 때문이다.

자기 자신의 고집에서 빨리 벗어나 준비에 지나치게 골몰하여 거기에 함몰되지 않도록 하자.

'수줍음' 역시 재빨리 던져버려야 할 방해물이다.

눈앞에 있는 청중을 유연하게 다루어라.

 ## 기회를 틈타 말하라

초나라에 안릉이라는 아주 아름다운 소년이 있었다. 그는 공왕의 총애를 흠뻑 받았다. 당시 유명한 변론가였던 강을(江乙)이 안릉을 만나 이렇게 물었다.

"돈과 재물로서 다른 사람을 섬기면 돈과 재물이 다할 때 정도 멀어지고, 미모로서 다른 사람을 받들면 외모가 쇠할 때 총애도 줄어든다. 너의 아름다움도 언젠가는 사라질 것인데, 너는 무엇으로 공왕의 총애를 오래도록 받을 것이냐?"

"저는 아직 나이가 어려 그 도리를 모르겠습니다. 선생님이 알려 주십시오."

"기회를 틈타 왕에게 그를 위해 죽겠다고 하면 된다."

"가르침을 명심하겠습니다."

1년 후 강을이 안릉을 만나서 물었다.

"예전에 너에게 한 말을 왕에게 했느냐?"

"아직 기회를 잡지 못했습니다."

다시 1년이 지났다. 강을이 안릉을 다시 만나 물었다.

"왕에게 말했느냐?"

"아직 말하지 못하였습니다."

"너는 외출할 때 공왕과 함께 수레에 앉고 돌아올 때도 공왕과 함께 앉는데, 아직도 기회를 잡지 못했단 말이야? 내 말을 믿지 않는

게로구나."

그 다음 해, 공왕이 강변의 작은 섬에서 사냥을 할 때였다. 공왕은 병사들을 시켜 숲과 들에 불을 놓게 했다. 노을처럼 시뻘겋게 타오르는 불길 너머로 궁지에 몰린 짐승들이 울부짖는 소리가 들렸다. 갑자기 성난 들소 한 마리가 뛰어나와 공왕이 탄 수레를 향해 돌진했다. 호위병들이 재빨리 활을 쏘아 들소는 수레 앞에서 고꾸라져 죽었다. 공왕은 즐거운 나머지 손뼉을 치고 크게 웃으며 안릉에게 말했다.

"내가 죽으면 너는 누구와 더불어 이런 즐거움을 누리겠느냐?"

안릉은 뒤로 몇 걸음 물러나 통곡하며 말했다.

"임금께서 붕어하면 저도 임금을 따라 죽겠습니다. 그렇다면 이런 즐거움을 누릴 자가 누군지 어찌 알겠습니까?"

"네가 정녕 짐을 사랑하는구나."

공왕은 크게 탄복하며 안릉에게 300호의 식읍을 봉했다. 당시 어떤 이는 이렇게 평했다고 한다.

"강을은 계략에 능하고, 안릉은 시기를 잘 잡는다."

옳은 말이라고 아무 때나 해도 되는 건 아니다. 시기와 장소가 적절치 않으면 말은 그 역할을 하지 못한다. 시기가 무르익고 장소가 합당하다면 똑같은 서너 마디 말이라도 그 쓰임새가 아주 다르다. 안릉은 무려 3년을 기다리며 말할 기회를 노렸다. 그가 만약 성급하게 굴었다면 오히려 아첨하는 자로 오해를 사 결국 황제로부터 버림을 받았을지 모를 일이다.

04 설득력의 구조

지금까지 프레젠테이션을 여러 시점에서 고찰해 왔다. 파고 들어 갈수록 프레젠테이션은 '듣는 사람을 행동하게 하는 설득' 그 자체임을 알 수 있다. 인간은 아는 바를 쉽게 행동으로 옮기지 않는다. 행동하게 만들기. 훌륭한 프레젠터로서의 '힘'은 여기에서 증명된다. 이제 '설득력'에 대해 살펴보자.

1) 설득력의 중층 구조

'설득'이란 무엇인가?
설득은 '마음을 움직이려는 시도'이며 '행동을 일으키는 작용'이다. 설득은 프레젠테이션뿐 아니라 일상 커뮤니케이션에서도 늘 시도된다.

설득력을 구성하는 중요한 포인트는 다음 다섯 가지가 있다.

① **설득의 기법** : 상대방의 마음을 움직이게 하는 설득 화법. 다섯 가지 포인트가 있다.

가) 상담 역할을 자청, 공략하기 좋은 설득점을 찾아낸다

'상대방의 어디를 공략해야 움직일 것인가?'라는 고민을 통해 찾아낸 지점이 '설득점'이다.

설득점을 발견하는 가장 효과적인 방법은 '상담 역할을 자청'하는 것이다. 상대방의 얘기를 적극적으로 들음으로써 최대한의 정보를 알아낸다.

나) 긍정적인 표현을 한다

긍정적으로 표현하면 상대방이 자신의 가치를 인정받았다고 느낀다. 부정이 아닌 긍정으로 시작하라. 부정당하면 누구든 반발한다. 긍정적으로 표현함으로써 수용할 자세를 만들어라.

"잘 모르시는 분이 많을 것으로 생각됩니다만"이라고 하기보다 "알고 계시는 분도 많으시리라 생각합니다만" 하고 표현하는 편이 청중에게 받아들여지기 쉽다. 결과적으로 발표 내용에 청중이 더 집중하게 된다.

다) 방법을 제시한다

유의해야 할 점과 요령은 다음과 같다.

ㄱ. 상대방에게 실현 가능한 구체적인 방법을 제시한다.
- 가능하면 '상대방의 부담을 줄인' 해결책을 제시하는 것이 효과적이다.

ㄴ. 상대방이 직접 선택하게 한다.
- 매우 효과적인 설득 화법이다. 여러 가지 방법을 제시하고 결정은 상대방이 직접 하게 한다.

ㄷ. 일단 경험하게 한다.
- 위의 두 가지 방법이 적용되지 않는 '우유부단한 타입'에게 유용하다. '이 방법을 실제로 해보니 걱정했던 것보다 쉽다.'는 것을 직접 깨닫게 한다.

라) 결과를 제시한다

대부분 결과를 예측한 뒤 그럴 듯하면 행동으로 옮긴다. 상대방의 입장에 서서 결과를 예측하고 설득한다.

마) 사람·때·장소의 조건에 따른 궁리

사람마다 다른 방식으로 접근해 설득해야 한다.

어떤 사람은 '그 유명한 ○○ 씨도 말씀했듯이……', '사장님께서도 말씀하셨듯이……' 등과 같이 자신에게 영향력을 지닌 사람의 말을 인용하는 설득에 약하다. 또 어떤 사람은 특정 인물의 말만 신뢰하므로, 그 '특정 인물'에게 먼저 접근하는 게 효과적이다.

카운터에서 크게 화를 내는 고객을 '장소'를 바꿔 조용한 응접실로 안내하자 금세 예의를 차리더라는 얘기도 우리는 자주 듣는다.

상사를 상대할 때는 점심시간 이전보다는 포만감이 생기는 오후에 누구보다 먼저 부탁하는 게 성공하기 쉽다. 이처럼 '시간대'를 고려한 설득도 효과적이다.

상대방이나 목적에 따라, '사람·때·장소'에 대해 궁리한다면 설득의 성공률이 훨씬 높아진다.

> **직업별 설득하기 쉬운 시간**
> - 가정주부 : 오전 10시~11시 30분
> - 의   사 : 오후 2시~3시
> - 기업담당자 : 중요한 용건은 오전 중에 신규 계약은 오후 3~4시

② **커뮤니케이션 센스** : '상대방 혹은 상황을 파악하는 능력'을 말한다. 이는 앞에서 살펴본 세 가지의 요소로 구성되어 있다.

    가) 직접 나선다 ― 적극성
    나) 청중의 마음을 헤아린다 ― 공감도
    다) 집착하지 않는다 ― 유연성

③ **설득할 내용을 충분히 파악** : 내용에 대해 다각적으로 검토한다. 반대 의견도 예상하면서 내용을 충분히 소화해야 한다. 알

찬 프레젠테이션은 '내용이 모든 것을 말해 준다'.

④ **평소 좋은 대인 관계 맺기** : 사람이 사람을 설득할 때는 '신뢰'가 바탕이 되지 않으면 안 된다. 평소 다른 사람을 진심으로 대하고 성실하고 책임감 있는 사람의 말은 누구라도 믿어준다. 이는 '3장 프레젠테이션의 흐름'의 첫 번째 단계이기도 하다.

⑤ **설득자의 인간적 매력** : 개개인의 모임인 '청중'을 설득하려면, 머리와 마음에 동시에 호소하고 상황에 따라 재치를 발휘할 줄 알아야 한다. 무엇보다 '인간적인 매력'은 큰 버팀목이 된다.

    가) 카리스마 — '저 사람이 설득하면, 설득당할 것 같다'는 느낌을 주는 사람이 되자. 대중 또는 조직의 구성원으로 하여금 자신에게 복종케 하고 자신을 우러르게 만드는 강한 에너지가 필요하다.

    나) 통찰력 — 상대방 혹은 상황에 따라 '본질을 파악하는 힘'이다. 분위기가 갑자기 정체되거나 긴장감이 고조되었을 때, 적절한 임기응변으로 상황을 타파하고 분위기를 바꿀 수 있다.

    다) 커리어 — '충분한 경험과 지식'을 소유한 사람이 되자. 아

무리 그럴 듯하게 발표한다 해도 실적이나 경력이 전혀 없는 사람의 말은 받아들여지기 어렵다.

2) 설득력은 종합 능력

앞에서 말한 요소들은 '빙산의 일각'에 불과하다.

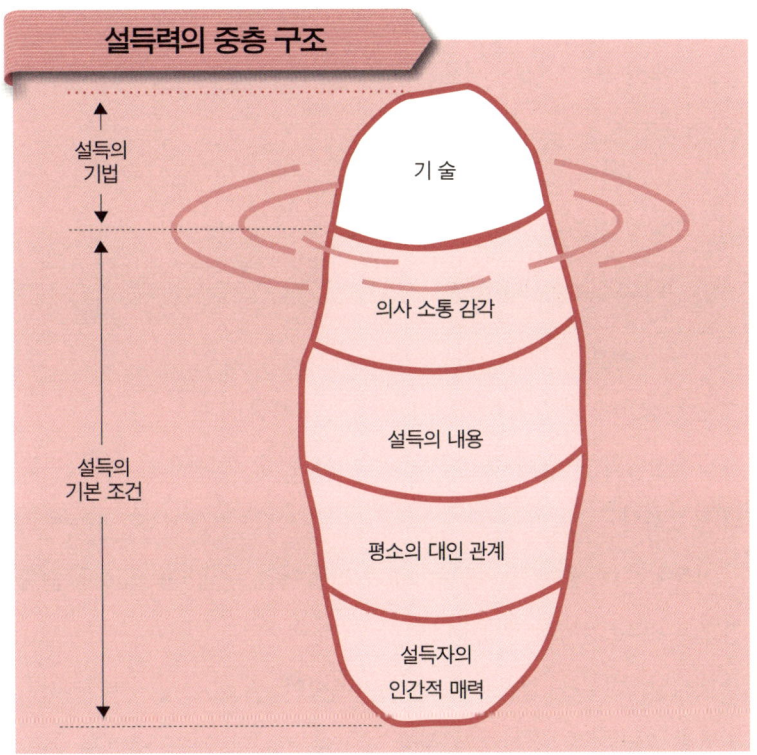

수면 위로 드러난 부분인 '설득의 기법'은 이를테면 기술이다. 몸에 익힐수록 큰 무기가 되고 가장 눈에 잘 띄지만, 설득력 전체로 보면 10분의 1에도 못 미치는 작은 부분에 불과하다.

만약 기술만 화려하고 내용이 없다면 모처럼 갈고 닦은 기술도 소용이 없다. 그야말로 '두부도 베지 못하는 칼'에 불과하다. 기술을 유용하게 만들어주는 것은 수면 아래 잠재되어 있는 부분이자 설득력 전체의 90%를 차지하는 요소들이다. 즉 '의사 소통 감각', '설득할 내용의 충분한 파악', '평소의 대인 관계', '설득자의 카리스마'이다.

그림에서 볼 수 있듯, 설득력은 말재주가 아니다. 설득자의 '종합적인 능력'이다.

3) 프레젠터의 매력

결국 중요한 것은 프레젠터의 '종합적인 화술'이다.
프레젠터의 화술을 뒷받침해 주는 요소 중 '인간적인 매력'은 특히 중요하다.
이상적인 프레젠터는 하루아침에 만들어질 수 없다. 오직 꾸준한 연습과 준비, 경험이 필요하다.
프레젠테이션을 성공으로 이끄는 매력의 구성요소인 '카리스마·통찰력·커리어'를 중심으로 현재 자신이 가지고 있는 '개성'을 총동

원하라. 자신이 보잘 것 없다고 느껴질수록 힘을 내자. 그만큼 개선될 가능성이 높다고 생각하자.

처음부터 아름답고 잘생긴 사람보다, 한순간 눈부시게 변모한 사람이 훨씬 경이롭고 신선해 보인다.

최종 점검
열두 가지 핵심 Q&A

마지막으로
프레젠테이션과 관련된 질문들과
그에 대한 해답을 정리했다

Q1 지나치게 긴장되고 떨려요

긴장하는 것은 더 발전하고자 하는 마음의 표출입니다. 좋은 신호로 받아들이세요.

많은 사람들 앞에 서게 되면 누구라도 긴장합니다. 게다가 반드시 성공시켜야 하는 프레젠테이션 자리라면 긴장감이 더욱 심하겠죠.

당신만 특별히 긴장하는 것은 아닙니다. 누구나 다 긴장합니다. 다음은 긴장에 대처하는 방법입니다. 꼭 숙지하시기 바랍니다.

**'긴장은 좋은 신호'라고
긍정적으로 받아들인다**

> Key point
>
> '긴장했다'고 당황하면 안 됩니다. 긴장감이 더욱 고조되어 상황이 악화될 뿐입니다. 지레 실패를 떠올리고 두려워하게 돼 심리적 압박감이 심해지죠.

긴장된다면 좋은 프레젠테이션을 하고 싶다는 욕심이 표출된 것으로 받아들이십시오. 긍정적으로 받아들이면 '해보자!'는 마음이 생겨나 힘이 솟아납니다.

실제로 뇌와 몸이 긴장하는 정도는 스스로 생각하는 것의 3분의 1밖에 되지 않습니다.

본인에게는 긴장감이 세 배나 확대되어 느껴지므로 굉장히 얼어버렸다고 생각하지만, 타인의 눈에는 그렇게 긴장한 것처럼 보이지 않습니다.

안정적인 어조로 발표를 한 사람에게 프레젠테이션이 끝난 뒤 소감을 물어보면 대개 이렇게 대답합니다.

"너무 긴장해서, 무슨 이야기를 했는지도 모르겠는걸요."

실제 긴장의 정도는 내가 느껴지는 것의 3분의 1.

이것만 알고 있어도 훨씬 마음이 놓일 겁니다.

심호흡을 하고 몸을 움직인다

> **Key point**
> 긴장하면 몸이 굳어집니다. 무릎이나 허리에 힘이 들어가 무리가 가지요. 몸이 뻣뻣하게 굳어 있으면 자연스러운 제스처가 나올 수 없으므로 딱딱하고 지루한 프레젠테이션이 됩니다.

프레젠테이션을 시작하기 전에 손목을 돌리고 다리를 탈탈 털어 몸의 긴장을 풀어줍니다. 가벼운 체조를 하는 것도 좋습니다. 몸을 풀어주면 마음의 긴장도 다소 덜어지는 것을 느낄 수 있습니다.

프레젠테이션을 시작하기 전 의자에 앉아 기다리는 동안에는 다음과 같이 하십시오.

- 양발을 약간 벌리고 손을 무릎 위에 얹은 자세로 허리를 의자 뒤에 붙입니다.
- 몸의 힘을 빼고 배가 빵빵해질 때까지 코로 천천히 숨을 들이마시세요.
- 숨을 뱉을 때는 배에 힘을 주면서 입으로 토해내세요. 숨쉬기는 10회 반복합니다.
- 평소 목 뒤와 어깨를 자주 주물러 피로를 풀어주는 것도 중요합니다.

**정직하게
"긴장하고 있습니다."라고
말한다**

_{Key point} 긴장한 것을 감추려고 할수록 더 긴장하게 됩니다. 진행도 답답하게 되고 청중의 반응도 굳어집니다.

"여러분들 앞에 서니 상당히 긴장이 되는군요."

이처럼 미리 솔직하게 말하면 마음도 한결 편해지고 청중도 호의적으로 반응할 것입니다.

경험을 쌓는다

_{Key point} 긴장감은 얼마만큼의 프레젠테이션을 했느냐에 따라 줄어듭니다. 첫 키스를 할 때의 떨림도 반복될수록 줄어드는 것과 같지요.

두렵다고 프레젠테이션 기회를 피하기만 하면 아무리 시간이 지나도 실력이 나아지지 않습니다. 그야말로 구더기 무서워 장 못 담그는 격입니다.

본문에서도 언급했듯이 철저히 준비하는 것도 경험을 쌓는 일입니다. 예행연습을 충분히 한다면 그만큼 자신감이 생겨서 두려움이 줄어들 것입니다.

Q2 목소리에 자신이 없어요

'청중에게 정확하게 전달'되는 '또박또박한 발음'이 기본입니다.

사람의 이미지를 만드는 데는 외모나 성격 못지않게 음성의 매력이 중요합니다. 하지만 많은 사람들이 매력적인 음성에는 무관심하죠. 바꿀 수 없다고 생각하기 때문입니다.

하지만 이는 사실과 다릅니다. 우리가 내는 목소리는 본래의 목소리가 아닐 수도 있습니다. 목소리 내기는 말을 배우며 자연스럽게 터득되는데, 대부분이 귓가에 울리는 소리를 흉내내면서 시작됩니다. 당연히 모델로 삼은 목소리가 탁하고 나쁘다면 흉내낸 목소리 또한 좋을 수가 없겠죠.

좋은 목소리는 안정감, 호흡, 명확한 전달, 공명 등을 효율적으로 조절했을 때 만들어집니다. 굳은 얼굴, 흐트러진 자세는 좋은 목소리가 나오는 것을 방해합니다. 표정과 자세를 바르게 하고 정확히 발음하려고 애 쓰다 보면 누구나 좋은 목소리를 낼 수 있습니다.

나쁜 발성법(음성을 나쁘게 하는 요인들)

- 큰 소리로 말하거나 고함을 지른다.
- 힘을 주어 말을 한다.
- 운동을 하면서 말한다.
- 이상한 목소리를 흉내 낸다.
- 흥분된 상태로 말한다.
- 시끄러운 장소에서 말한다.
- 극단적으로 높은 소리나 낮은 소리로 말한다.
- 감기 중에 목소리를 무리해서 사용한다.

프레젠테이션을 위한 좋은 목소리에는 다음과 같은 조건이 필요합니다.

청중에게 어미까지 똑똑히 발음할 것

> **Key point**
> 이 두 가지 조건을 충족시키기 위한 방법으로 '호흡법'과 '활설법(活舌法)' 두 가지가 있습니다.

1) 호흡법

평소 대부분의 사람은 가슴으로 호흡하는 '흉식호흡'을 합니다. 하지만 잠을 자기 위해 누웠을 때는 자연스레 배로 숨을 들이쉬고 내쉬고 하는 '복식호흡'을 하게 됩니다.

여러 사람에게 잘 전달되는 목소리를 내기 위해서는 의식적으로 복식호흡을 해야 합니다.

복식호흡의 순서는 다음과 같습니다.

- 다리를 어깨 넓이로 벌리고 두 다리에 균등하게 힘을 줍니다.
- 어깨는 힘을 완전히 빼 긴장을 풉니다.
- 천천히 코로 숨을 들이쉽니다.
- 이때 공기가 배로 흘러들어간다고 생각하세요. 실제로 배를 부풀리십시오.
- 충분히 들이신 뒤, 호흡을 멈춥니다.
- 들이쉰 숨을 입으로 아주 천천히 내보냅니다.

- 이때 편안하게 "아~" 하고 소리를 내십시오. 들이쉰 공기를 전부 내뱉을 때까지 계속합니다.
- 들이쉴 때는 아랫배가 불러오고 내쉴 때는 푹 꺼져야 합니다. 최소 5회 반복합니다.
- 복식호흡은 매일 한 번 이상 연습합니다.

2) 활설법

'아에이오우'를 통한 연습입니다. 발음을 명확하게 하는 데 큰 도움을 줍니다. 입을 최대한 벌려 입가의 근육을 부드럽게 풀어준 후 연습하십시오.

- 우선 '아' : 입을 크게 벌리고, 턱은 한껏 내린 후 '아~'라고 발음합니다.
- '아오우' : 다음으로 입술을 오므리고 혀의 위치를 안쪽으로 옮기면서 목소리를 냅니다.
- '아에이' : 그 뒤 입술을 양 옆으로 벌리고 혀를 입천장 가까이 대며 목소리를 냅니다.

※ '아에이오우'를 연습할 때는 기본적으로 허리를 바로 세우고, 큰 소리로 해야 합니다.
※ '오에아 오에아', '우이아 우이아'를 연습합니다.

'아에이오우 연습'에 어느 정도 익숙해졌다면 다음의 예문들을 이용해 연습해 보십시오.

- 간장공장 공장장은 강 공장장이고, 된장공장 공장장은 공 공장장이다.

- 저기 있는 저 분이 박 법학박사이시고, 여기 있는 이 분이 백 법학박사이시다.
- 저기 가는 저 상 장사가 새 상 장사냐, 헌 상 장사냐.
- 중앙청 창살은 쌍창살이고, 시청 창살은 외창살이다.
- 한양 양장점 옆 양장점, 한영 양장점 옆 양장점.
- 옆집 팥죽은 붉은 팥 팥죽이고, 뒷집 콩죽은 검은 콩 콩죽이다.
- 멍멍이네 꿀꿀이는 멍멍해도 꿀꿀하고, 꿀꿀이네 멍멍이는 꿀꿀해도 멍멍하네.
- 강낭콩 옆 빈 콩깍지는 완두콩 깐 빈 콩깍지이고, 완두콩 옆 빈 콩깍지는 강낭콩 깐 빈 콩깍지이다.

※ 발음을 더욱 분명하게 하고 싶다면 입에 볼펜을 물고 소리를 내서 읽으면 발음 교정에 좋습니다.

좋은 목소리를 내기 위한 요령

① **복식 호흡 = 배로 호흡한다.**
- 코로 천천히 숨을 들이쉰다.
- 아랫배에 모아둔 숨을 천천히 내쉰다.
- 배에 힘을 주며 목소리를 낸다.

배에 힘을 주고 발성하자!

② **입 모양 = 모음을 통해 발음을 교정한다.**
- 「아」는 손가락 세 개가 들어갈 정도로 입을 크게 벌린다.
- 「이」 「에」는 입을 옆으로 벌린다.
- 「우」 「오」는 입을 오므린다.

아　에　이　오　우

③ **혀의 위치 = 모음에 따라 혀의 위치도 달라진다.**
- 구강 안의 위치는 그림대로이다.
- 목소리를 내어 「아오우」 「아에이」 하고 연습하여 확인해 두자.

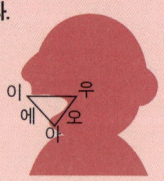

Q3 어딜 봐야 할지 난감합니다

A

청중 전체를 훑어보다 저항감이 적은 사람부터 눈을 맞춥니다. 눈을 맞추면 1~2초간 그대로 시선을 주고받으십시오.

청중을 바라보며 이야기해야 한다고 생각하면서도, 막상 앞에 서면 어떻게 시선을 줘야 할지 막막하다는 분들이 많습니다. 청중과 어떻게 눈을 맞추면 좋을지 다섯 가지 포인트로 설명해 드리겠습니다.

① 시작할 때

앞에 서서 목소리를 내기 전에 2~3초간 짬을 둡니다. 그때 '최초의 시선'을 주어야 합니다.

전체를 훑어봅시다. 누가 어디에 있고 어떤 자세를 취하고 있는지 보입니다. 속독하는 요령으로 전체를 한눈에 파악하십시오.

② **저항감이 적은 사람부터**

참가자 수가 많든 적든 호의적인 표정으로 이쪽을 쳐다보는 사람이 한두 명쯤은 있기 마련입니다. 처음엔 그런 사람부터 눈을 맞추어 나가는 게 좋습니다.

마음이 안정되고 자신감이 붙으면 서서히 범위를 넓혀갑니다. 시선을 보내는 방법은 'S — Z형'과 'W — M형'이 있습니다. 그 어느 쪽이라도 상관없습니다.

앞과 뒤의 구석자리에도 시선을 주는 것을 잊지 않도록 합시다.

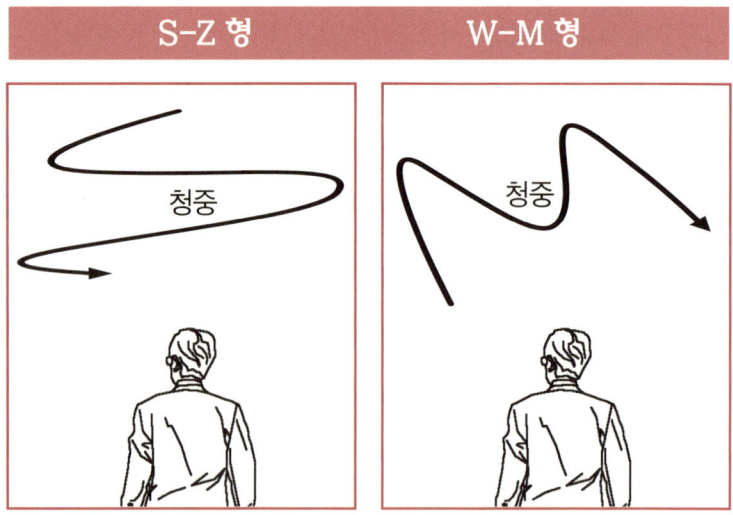

③ 눈을 맞추고 1~2초간 멈출 것

적어도 1~2초간은 충분히 시선을 교환합니다. 스치듯이 눈길을 주어봤자 청중은 눈이 마주쳤다고 생각하지 않습니다. 프레젠터 역시 청중의 모습을 제대로 파악할 수 없고요.

④ 이야기를 일단락 짓는 부분에서 눈을 맞출 것

한 단락을 끝낼 때는 잠깐 짬을 둡니다. 특히 짬을 둘 때는 청중과 눈을 맞추는 것을 잊지 마십시오. 이때 시선이 흩어지면 분위기가 산만해져 짬의 효과를 얻을 수 없습니다. 프레젠터로서는 청중의 반응을 관찰할 좋은 기회이기도 합니다.

⑤ 프레젠테이션의 중요 요소, 핵심을 강조할 때 의사 결정권자인 키 퍼슨(Key-person)과 눈을 맞출 것

의사 결정권자는 프레젠테이션 성공의 열쇠를 쥐고 있는 인물입니다. 그러나 지나치게 신경을 쓴 나머지 시선을 자주 보내면 도리어 감점 요인이 됩니다. 다른 사람들에게 무시당하는 느낌을 줄 수 있을 뿐 아니라 '자신이 없는 건가?' 하는 의심을 받을 수도 있습니다.

말은 시선이 향한 곳으로 흘러가기 마련입니다. 눈이 창밖을 쳐다보고 있으면 말도 그쪽으로 새어버리게 됩니다.

청중의 마음을 잡고 싶다면 꼭 눈을 맞추세요.

Q4 손을 어디다 둬야 할지 난감합니다

높이와 넓이 등을 나타낼 때는 손이 향하는 방향으로 시선이 따라가게 하세요.

제스처에 대해 얘기하기 전에 먼저 이야기할 때의 적절한 손의 위치에 대해 설명하겠습니다.

기립 자세로 이야기할 때는 손을 양쪽으로 늘어뜨리거나 가볍게 앞으로 모읍니다.

테이블에 양손을 올려놓고 앞으로 숙인 자세는 복식호흡이 어렵고 눈을 맞추기가 힘듭니다.

또한 자료나 펜 따위를 쉴 새 없이 만지작거리거나, 포인터로 청중을 가리키는 것은 큰 실수이므로 주의하십시오.

이제 제스처에 대해 말씀드리겠습니다.

예를 들어, "세 가지 포인트가 있습니다."라고 할 때는 손가락 세 개를 들어 보여줍니다. 이때 청중에게 손바닥이 확실하게 보이도록 합니다.

"이 정도가 됩니다." 하고 높이나 넓이 등을 나타낼 때는 손끝을 따라 시선을 옮깁니다. "이 정도……"라며 팔을 펼쳤을 때 눈길이 손끝을 따라가지 않으면 엉성한 제스처가 되고 맙니다.

청중의 수가 많으면 많을수록 제스처도 그만큼 크고 또렷하게 취해야 합니다.

대부분은 일상생활에서 제스처를 거의 사용하지 않습니다. 때문에 타인 앞에서 의식적으로 하는 경우엔 부자연스럽게 되기 십상이죠. 예행연습을 할 때, 일부러 과장되게 제스처 연습을 하면서 몸에 익숙해지도록 할 필요가 있습니다.

주의할 점은 제스처와 단순한 손버릇을 구분 지어야 한다는 것입니다. 제스처는 의도적인 '표현'이지만 손버릇은 무의식적으로 나타나는 것으로 대개 신경에 거슬립니다. 대표적인 손버릇은 다음과 같습니다.

- 머리를 긁적인다
- 주머니에 손을 넣는다
- 넥타이를 만지작거린다
- 팔짱을 낀 채 손가락을 꼼지락거린다
- 검지로 코밑을 훔친다

　이러한 손버릇은 청중의 주의를 산만하게 합니다. 좋지 않은 버릇을 고치기 위해서라도 올바른 제스처를 익히세요.

Q5 말이 빨라집니다

청중의 반응을 살펴보면서 빠르기를 조절하십시오.
다음 항목으로 넘어갈 때는 쉼을 둡니다.

대부분의 사람들은 이야기를 하다 조금씩 말이 빨라지는 경향을 보입니다. 억양이 높아지고 목에도 한결 힘이 들어가지요. 이야기 자체에 도취되기 때문입니다. 불행히도 프레젠터가 자신의 말에 푹 빠져 황홀경을 헤매는 동안, 청중의 마음은 멀리멀리 달아나고 맙니다.

말이 빠르면 알아듣기가 힘들어 더 높은 수준의 집중력이 필요해집니다. 듣는 입장에서는 이만저만 피곤한 일이 아닙니다. 금세 지쳐

버리게 되지요.

  그렇다고 본래 말이 빠른 사람이 천천히 말하려고 애쓰면 오히려 리듬이 깨져 이야기가 탄력을 잃습니다. 말이 빠른 것을 고치려고 하기보다는, 이야기 도중 짬을 주는 편이 훨씬 좋습니다. 청중의 반응을 살펴보면서 중간 중간 말을 쉬어 주세요. 지하철과 마찬가지로, 빠른 속도로 달리다가도 역에 이르러서는 잠깐씩 멈춰서 승객을 기다려줘야 합니다.

  서구에서는 학회나 세미나 등에서 빠르고 기세 좋게 이야기하는 것을 설득력 있다고 봅니다. 즉 공격적인 주장을 선호하는 것이지요. 반면 우리나라에서는 천천히 정중하게 이야기하는 편이 훨씬 신뢰감을 높입니다. 말이 빠른 사람도 짬을 얼마나 적절히 두느냐에 따라 충분히 효과를 얻을 수 있습니다.

Q6. 시간이 남거나 부족할 때 어떻게 해야 할까요?

평소 시간 감각을 익혀두는 것이 중요합니다.

모든 프레젠테이션은 시간이 정해져 있습니다. 시간 초과는 허용되지 않습니다.

정해진 시간 안에 잘 소화하기 위해서는 평소에도 시간에 대한 감각을 길러야 합니다.

자신이 어느 정도의 시간 안에 원하는 만큼 이야기할 수 있을지 예상할 수 있다면 자신감도 훨씬 커집니다.

당신이 20분간 프레젠테이션을 하게 되었다고 합시다.

우선 질의 시간이 따로 주어지는 것인지, 20분 안에 포함되는 것인지를 미리 확인하십시오.

그 다음으로 시계가 보이는 곳이 있는지를 알아둡니다. 없는 경우 자신의 손목시계를 테이블 위에 놓아두면 좋습니다. 이러면 쉴 새 없이 시계를 보지 않아도 되지요. 평소에 꾸준히 시간 감각을 익혀두었다면, 시계는 확인 삼아 보는 것만으로 충분합니다.

시간이 남았을 때 어떻게 할 것인가는 준비 단계에서 결정해 둡니다. 부족해진 경우도 마찬가지, 어디를 생략할 것인지 미리 정해둡니다. 당황하지 않으면 충분히 대처할 수 있습니다.

Q7 질문을 받으면 식은땀부터 납니다

그 자리에서 대답할 것인지, 나중에 할 것인지를
우선 판단합니다.

청중의 질문은 원칙적으로 환영할 일입니다.
그러나 프레젠테이션에 자신이 없다거나 아직 익숙하지 않을 때 질문을 받는 것은 누구에게나 곤혹스러운 일이지요.
'무슨 질문을 받을지 모르겠는걸.'
'대답을 제대로 못하면 어떻게 하지?'
이처럼 겁을 먹고 시작하다 프레젠테이션 도중에 진짜로 질문을 받게 되면, 제대로 대답하기는커녕 자칫 남은 시간까지 엉망으로 만들어버릴 수 있습니다.

익숙해지기 전까지는 모든 질문을 프레젠테이션이 끝난 뒤에 받는 편이 좋습니다.

"지금 하신 질문은 지금부터 살펴보고자 하는 문제와 관계가 있습니다. 일단 설명을 들어보시고 이후 질문 시간에 다시 물어봐 주십시오."

"이 시간이 끝난 뒤에 질문과 답변 시간이 있습니다. 답변은 그때 해드리도록 하겠습니다."

이런 식으로 양해를 구한 뒤 계속 진행하십시오. 리듬이 흐트러지지 않도록 주의해야 합니다.

프레젠테이션 시작 전에 미리 '모든 질문은 설명이 끝난 뒤에 받겠다'는 양해의 말을 해두는 것도 좋습니다.

어느 정도 프레젠테이션에 익숙해졌다면 도중에 나온 질문에도 즉시 대답해 주는 게 좋습니다.

질문은 청중이 프레젠테이션에 적극적으로 참가하고 있다는 증거입니다. 질문과 답변을 통해 프레젠테이션이 쌍방향 커뮤니케이션으로서 활기를 띠게 됩니다.

Q8 연습은 많이 하는데 여전히 두렵습니다

연습은 실전처럼!

프레젠테이션에 능숙해지는 지름길은 '충분한 준비'와 '경험'뿐입니다.

〔프레젠테이션의 준비〕
- 평소의 준비 — 회의·업무 진행을 위한 커뮤니케이션, 프레젠테이션 세미나 참가 등을 통해 프레젠테이션 감각을 키우는 것 등이 포함됩니다.
- 특정 프레젠테이션을 위한 준비 — 가까운 시일 내에 예정된 프레젠테이션을 위한 준비로, 예행연습도 여기에 포함됩니다.

예행연습은 프레젠테이션 준비의 완성단계로서 빠뜨려서는 안 됩니다.

예행연습을 통해 실제로 발표를 해보면,

- 어느 부분이 부족한지
- 어느 부분이 힘든지
- 시간 내에 발표를 마치기 위해 어느 부분을 부풀리고 어느 부분을 생략하면 좋은지
- 이해하기 어려운 부분은 없었는지

등을 판단할 수 있습니다. 예행연습을 할 때 지켜야 할 사항은 다음과 같습니다.

- 실전처럼 할 것
  어느 한 부분이 아닌 처음부터 끝까지 전부를 다 해본다.
- 가족이라든지 친한 친구 등 반드시 청중을 앞에 둘 것
  두 사람 이상의, 되도록 많은 사람들 앞에서 해본다.
- 연습이 끝난 뒤 청중의 소감을 물을 것
  편한 마음으로 신경이 쓰이거나 이해가 안 되는 부분이 있으면 지적해 달라고 부탁한다.

Q9 질문에 답변할 때 말문이 막힙니다

A

질문을 끝까지 듣고, 심호흡을 한 뒤, 결론부터 이야기하십시오.

질문을 받는 일이 얼마나 중요지는 Q7에서 언급했습니다. 질문에 대한 답변 방법의 포인트는 다음과 같습니다.

1. 사전에 예상 질문 리스트를 만들어둔다

예행연습을 할 때, 질문이 나올 만한 사항을 체크하여 어떻게 대답할지 예상해 둡니다.

당신의 제안에 반대하는 사람의 입장에 서서 예상 질문을 생각해 보는 것도 빠뜨리지 마십시오.

**2.
여유 있는 태도로 질문을
받는다**

> Key point
>
> 웃자는 건지 겸손하게 구는 건지 질문을 받기 전에 이렇게 말하는 사람이 있습니다.

"쉬운 질문만 해 주십시오. 어려운 얘기는 잘 모르니까."

이런 멘트는 절대 하지 마십시오.

힘이 닿는 데까지 성심 성의껏 대답하려는 마음가짐으로 임해야 합니다. 그래야 신뢰할 수 있는 전문가로 보입니다.

**3.
성급하게 반응하지 말고
끝까지 듣는다**

> Key point
>
> 질문을 받는 도중에 "아, 그 문제셨군요." 혹은 "아아, 알겠습니다. 그러니까……."

이런 반응은 매우 곤란합니다.

우리말의 문법상 문장 맨 끝에 이르러서 뜻이 달라지는 경우도 왕왕 있으므로 지레짐작은 금물입니다. 그 뜻을 충분히 짐작할 수 있어도 질문자의 말을 끝까지 들어 주세오. 아주 기본적인 예의입니다.

**4.
요소마다 맞장구를 치고
필요하다면 메모를 한다**

> Key point
>
> 질문이 두 개, 세 개가 연속해서 나오는 경우 간략하게 메모를 하십시오. 일부라도 잊어버리는 실수를 방지할

뿐 아니라 상대방의 말을 열심히 듣고 있다는 것을 보여 줍니다. 진행에 능숙한 사람이라는 신뢰도 심어 주고요.

질문자가 다소 머뭇거릴 경우에는 맞장구를 치며 끝까지 의사표현을 할 수 있도록 도와야 합니다. 질문하는 사람이라고 해서 모두 자신만만한 것은 아닙니다.

5.
곧바로 대답하지 말고
심호흡을 한 번 한다

> Key point
>
> 질문자가 듣고 싶어하는 것이 무엇인가를 생각해야 합니다. 질문의 요지가 정확히 파악되지 않을 때도 있기 때문

이죠. 일단 질문이 끝나면 심호흡을 한 뒤 내용을 간단하게 요약해 봅니다.

"그러니까 이 부분이 궁금하다는 말씀이시지요?"

이렇게 한 번 물어보는 것으로 서로 간에 오해가 없는지 확인할 수 있습니다. 만약 "그게 아니다."라고 하면

"제가 잘못 이해했나 봅니다. 죄송하지만 다시 한 번 말씀해주십시오."

라고 부탁합시다.

6.
대답할 때는 결론부터
이야기한다

> Key point
>
> "에, 그러니까 질문에 답해 드리기 전에 그 배경을 말씀드리자면……."
>
> 이렇게 배경, 이유, 경위 등에 대해

설명하고 있다면 대부분의 질문자는 조바심을 낼 것입니다.

결론부터 말하십시오! 답변할 때 구구절절 이유를 늘어놓는 것은 변명처럼 보일 뿐입니다.

[뜻밖의 상황]

- 악의적인 질문 — 알고 있으면서 일부러 물어본다거나 비판을 목적으로 질문할 때 등
"그럼 당신은 어떻게 해야 한다고 보시는지요?" 혹은 "그럼 당신의 생각은 무엇입니까?" 등으로 질문자에게 곧장 되물어 보는 것도 하나의 방법입니다.

- 질문에 대한 답변을 모를 때는 정직하게 모른다고 하는 '용기'를 가지세요.
아는 척하는 것은 그만둡시다. 들켰을 때 신용만 잃을 뿐입니다. 생쌀 위에 익힌 밥을 얹어 내놓는 것보다, 설익었더라도 정성껏 차린 상이 사람의 마음을 움직이게 하는 법입니다.

Q10 청중의 분위기가 처음부터 냉담합니다. 어떻게 하면 좋을까요?

누구에게라도 친숙하고 밝은 화제를 꺼내 분위기를
부드럽게 하십시오.

'분위기가 냉담한데다가 이쪽이 무슨 이야기를 해도 반응을 보이지 않는다.'

프레젠터가 만나게 되는 최악의 상황 중 하나입니다. 대개는 무관심하고, 굳은 얼굴로 팔짱을 낀 사람도 있으며, 어떤 사람은 아예 눈을 감고 있다…… 자고 있는 건지 무시하는 건지.

이런 상황을 극복하는 가장 좋은 방법은 일단 '모르는 척하면서'

온화한 표정으로 이야기를 계속하는 것입니다. 이럴 때 프레젠터마저 분위기에 휩쓸려버리면 프레젠테이션은 더욱 썰렁하고 어색하게 됩니다. 짐짓 모르는 척하며 빙긋이 미소 지으십시오. 그리고 누구라도 친숙함을 느낄 수 있는 화제를 꺼내세요.

【누구나 공감하기 쉬운 화제】
패션 : 의복과 최신 유행에 관한 이야기
음식 : 식생활과 음식에 관한 이야기
여가 : 주말계획과 여행 등에 관한 이야기
가족 : 가정과 어린아이에 관한 이야기
날씨 : 기후와 날씨, 고향 등에 관한 이야기
취미 : 도락, 스포츠, 취미 등에 관한 이야기
가십 : 뉴스거리에 관한 이야기
친구 : 지인과 친구들에 관한 이야기

※ 단 종교문제, 정치문제, 특정 개인에 대한 험담은 부적절

【연령에 따른 일반적인 관심사】
20~30대 : 미래의 전망, 희망과 기대, 이상으로 생각하는 것 등
40~50대 : 현실적인 이야기, 주택과 부동산, 재산, 골프 등
60~70대 : 과거의 추억, 건강 문제 등

어떤 강사는 연령이 쉰다섯인데도 검은머리에 주름이 거의 없어 마흔 살 정도로밖에 안 보였습니다. 그는 분위기가 썰렁해지면 이런 방법을 즐겨 사용했습니다.

우선 가까이에 있는 사람에게 "제가 몇 살로 보이십니까?" 하고 묻습니다.

대부분이 실제 나이보다 열 살 정도 어리게 대답하지요.

"감사합니다. 제가 실은 쉰 다섯입니다. 젊게 보이죠? 그런데 '젊게 보이시네요.'라는 말을 듣게 되면 더 이상 젊은 게 아니라는 서양 속담이 있다는군요."

이것으로도 청중의 표정에 미소가 번지고 분위기가 부드러워집니다.

친숙하고 밝은 화제를 평소에 많이 준비해 둡시다. 분위기에 휩쓸리지 말고 스스로 분위기를 만들어야 합니다.

Q11 유머 감각이 없어서 걱정입니다

유머를 익히는 데는 특별한 요령이 없습니다

웃음에는 두 가지 종류가 있습니다. 하나는 말하는 사람 자체가 재미있는 사람이어서 웃게 되는 경우, 또 다른 하나는 절호의 타이밍에 나온 농담이나 우스꽝스러운 이야기에 웃게 되는 경우입니다.

전자는 그 사람 고유의 개성이므로 흉내를 내거나 기술로서 익힐 수 없습니다. 그러나 후자는 조금은 가능성이 있지요.

유머(humor)라는 말은 라틴어에서 나온 말로 '습기'라는 뜻이었다고 합니다. 수증기와도 같이 잡힐 듯 잡히지 않는 것이라서 유머를 익히기 위한 특별한 요령이 없는 것일까요? 하지만 대화의 기술로서 익히기 위한 방법이 아예 없는 것은 아닙니다.

밝고 여유 있는 태도를 지니려고 애쓰다 보면 누구나 '유쾌한 사람'이 될 수 있습니다.

유머 있게 이야기한다는 것은 여유 있게 이야기한다와 동일한 맥락으로 이해할 수 있습니다. 아무래도 웃으려면 먼저 마음에 여유가 있어야 하니까요.

알렌 클라인의 '웃음의 활력'이란 책에 이런 말이 있습니다.

유머 정신이 없는 사람은 스프링이 없는 리어카와 같다. 길 위에 작은 돌멩이에도 덜컹거리며 흔들린다.

프레젠테이션 와중에 창 밖에서 소방차의 사이렌 소리가 크게 울렸습니다. 당신이라면 어떻게 하겠습니까?

"무슨 일이 났나 보죠?" 하고 창가로 다가가 밖을 내다보는 정도의 여유가 있다면, 유머 감각이 있다고 할 수 있습니다.

한편 유머와 조크(joke)는 무엇이 다를까요?

일반적으로는 양자를 구별 없이 사용하고 있지만, 본래의 의미는 약간의 차이가 있습니다. 유머는 반드시 웃음을 수반하지 않지만, 조크는 웃음을 목적으로 한 짧은 이야기를 말합니다. 웃음을 목적으로 한 언어표현, 즉 짤막한 이야기·콩트·개그·만담 등은 모두 조크입니다.

서양 사람들은 조크를 아주 즐겨 합니다. 심지어 이런 말이 있을 정도지요.

"미국인은 연설을 할 때 조크부터 시작한다. 우리나라 사람은 변명부터 시작한다."

우리나라 사람은 타인 앞에서 이야기할 때 좀처럼 조크를 사용하질 못합니다. 어쩌다 조크를 쓴다 해도 별 반응을 얻질 못하거나 '말 실수'로 폄하돼 망신을 당하기 일쑤죠.

서양인들이 조크를 사용하면 청중도 그에 호응에 잘 웃어주지만 우리나라에서는 웃음을 가벼운 태도로 여겨 농담을 선뜻 받아주지 않습니다. 자연히 조크실력을 키울 기회가 박탈되는 거지요. 어떻게 보면 참 마음 아픈 일입니다.

이제 우리나라 사람도 조크에 좀 더 익숙해질 필요가 있지 않을까요? 다음은 조크의 사용방법입니다.

- 프레젠테이션의 시작 부분에서 조크를 사용하는 것은 위험합니다. 분위기가 충분히 무르익지 않으면 청중은 웃는다는 것 자체를 기피합니다.
- 분위기가 부드러워지면 준비해 온 조크를 슬슬 꺼내 보십시오.
- 조크는 짧은 이야기이므로 완전히 자신의 것으로 소화시킨 뒤에 사용해야 합니다. 똑같은 농담을 하더라도 어떤 사람은 배꼽을 빠지게 하고 어떤 사람은 썰렁하게 합니다. 그 차이를 유념합시다.

Q12 프레젠테이션 자료는 풍성한데 매번 지적을 받습니다

제안 내용이 알기 쉽게 표현되어 있는지를 체크하십시오.
'요약과 정리'가 중요합니다.

프레젠테이션 자료 작성에서 가장 중요한 것은 '요약과 정리'입니다. 누가 보아도 제안 내용이 일목요연하게 드러나야 합니다. 그렇다고 기본 조사자료(데이터·분석결과 등)나 설명 문장을 빠짐없이 다 포함시키라는 말은 아닙니다.

어느 전자제품 생산기업에서 'e·비즈니스'에 관한 프레젠테이션을 했을 때의 일입니다.

배포된 자료에는 그 회사의 역사부터 텔레비전 광고 내용에 이르는, 이번 프레젠테이션과 직접적인 관계가 없는 자료까지 풍부하게 들어가 있었습니다. 물론 아무도 읽지 않았습니다. 인쇄비와 제본비가 아깝다는 생각마저 들었습니다. 그런데도 이와 같은 불필요한 자료들이 효과적이라고 착각하는 경우가 많습니다.

- **볼륨** : 30~60분 정도의 프레젠테이션에서는 배포자료(파워포인트의 슬라이드도 마찬가지)를 6~10장 정도로 준비하면 충분합니다. 전개를 서론·본론·결론으로 나누었을 때, 각각 2장 정도의 분량이 되도록 요약합니다. 참고 데이터가 있는 경우는 2~3장 정도를 추가하십시오.

- **타이밍** : 모든 자료를 처음에 한꺼번에 배포하는 것은 효과적이지 않습니다. 파워포인트의 장점은 원클릭으로 슬라이드 쇼를 실행할 수 있는 것이지요. 이와 마찬가지로 프레젠테이션의 전개에 맞춰 그때마다 해당되는 참고 자료를 배포하십시오. 처음에 한꺼번에 전부 배포하면 이야기는 제쳐 두고 끝까지 자료만 보는 사람이 있게 됩니다.

- **보이는 방법** : 이제 요약과 정리가 나설 차례입니다. 각 항목의 주제를 한 줄로 요약한 뒤 기-승-전-결에 맞춰 배열하여 '요약문'을 작성합니다. 어떤 최신 도구를 사용해도 원칙은 똑같습니다. Simple is best! 쉽고, 단순하고, 명확하게 만드십시오.

프레젠테이션이 끝난 후
자가진단을 해 보자!

프레젠테이션이 끝난 후
자가진단을 해봅시다
프레젠테이션이 끝난 단계에서,
자신의 화술이 어느 정도였는지 평가·채점해 보는 것은
앞으로의 성장을 위해 중요하다.
다음의 표를 사용하여 스스로 점수를 매겨 보자.
어쨌든 팔은 안으로 굽기 마련이므로,
팀 내 프레젠테이션을 하는 경우 서로 상대방의
프레젠테이션을 평가·채점해 보는 것도 큰 도움이 될 것이다.

프레젠테이션 평가·채점표

No	체크	5점	4점	3점	2점	1점
1.	목적이 명확했는가					
2.	청중의 이해 정도, 문제 의식, 수요(Needs)를 조사했는가					
3.	쓸데없는 자료 준비에 시간을 허비하지 않았는가					
4.	주제를 충분히 검토하여 한 줄로 요약했는가					
5.	내용을 정리하여 이해하기 쉽게 순서를 정했는가					
6.	첫마디로 청중을 매료시켰는가					
7.	시작하기 전에 아우트라인을 설명했는가					
8.	서두에 불필요한 설명, 변명을 하지 않았는가					
9.	일목요연했는가					
10.	주제와 논점을 포함하여 일관성 있게 전개하였는가					
11.	사례나 도표를 충분히 사용하였는가					
12.	전문 용어, 업계 용어, 약어 등을 사용하지 않았는가					
13.	이야기 중간 중간에 짬을 두었는가					
14.	제스처를 적절하게 활용하였는가					
15.	키워드를 효과적으로 사용하였는가					
16.	클라이맥스 부분에서 대비·확대·반복 등을 구사하였는가					
17.	청중의 반응을 확인하며 발표하였는가					
18.	목소리에 탄력이 있었는가					
19.	감정을 실어 생기 있게 발표하였는가					
20.	결론에서 기억에 남을 만한 한마디를 남겼는가					

총점 　 점

총점 → A 100~80점 우수 | B 79~60점 보통 | C 59~50점 조금만더 | D 49점 이하 개선 필요

처음 10초 안에 청중을 사로잡는 기술
프레젠테이션을 잘 하는 법

지은이   후쿠다 타케시
옮긴이   정유선

초판 1쇄 인쇄 2013년 3월 11일
초판 1쇄 발행 2013년 3월 21일

발행인   서선교

공급처   BOOKSBOOKS
          경기도 파주시 산남동 351-1 가동
          Tel. 031-942-0420 / Fax. 031-942-0421
          이메일 booksbook@hanmail.net

발행처   바른지식
          등록 1999년 9월 13일 제11-194호

ⓒ 바른지식, 2013

허가 없는 무단전재와 복제행위는 법률에 의해 처벌 받습니다.
파본이나 낙장본은 교환해 드립니다.

ISBN 978-89-89815-38-9 / 13320
값 13,800원